D0204512

DANISH
PULLED THREAD
EMBROIDERY

DANISH
PULLED THREAD
EMBROIDERY

(Sammentrækssyning)

ESTHER FANGEL, IDA WINCKLER &
AGNETE WULDEM MADSEN

With English and Danish text

DOVER PUBLICATIONS, INC.

NEW YORK

Published in Canada by General Publishing Company, Ltd., 30 Lesmill Road, Don Mills, Toronto, Ontario.
Published in the United Kingdom by Constable and Company, Ltd.

This Dover edition, first published in 1977, is an unabridged and corrected republication of the bilingual (English and Danish) edition of Parts 3 and 4 of *Danish Embroidery* prepared by Selksabet Til Haandarbejdts Fremme, originally published in 1959. (Parts 1 and 2 dealt with cross-stitch embroidery.) It is reprinted by special arrangement with the original English publisher, B. T. Batsford, Ltd., 4 Fitzhardinge Street, London W1H OAH, England. A new Note to the American Reader has been especially prepared for the present edition.

International Standard Book Number: 0-486-23474-6
Library of Congress Catalog Card Number: 76-49327

Manufactured in the United States of America
Dover Publications, Inc.
180 Varick Street
New York, N.Y. 10014

NOTE TO THE
AMERICAN READER

Readers are urged to first contact their local art needlework shop or department. Many shops now stock even-weave fabrics and special threads and needles. If you have trouble locating materials, the following wholesale suppliers will be glad to refer you to specific local outlets.

Most of the materials recommended in this book are available in the United States. Coton à broder is sold under the name "Brilliant Embroidery and Cutwork Thread." The linens shown on page 100 are as follows: A is 28-count linen; B and C are 24-count linen and D is 18-count linen.

American Crewel and Canvas Studio
P.O. Box 298
Boonton, New Jersey 07005

Brunswick Worsted Mills, Inc.
230 Fifth Avenue
New York, New York 10001

Kreinik Mfg. Company
1351 Market Street
Parkersburg, West Virginia 26101

Mark Distributors, Inc.
20825 Prairie Street
Chatsworth, California 91311

Ginnie Thompson Originals, Inc.
P.O. Box 825
Pawleys Island, South Carolina 29585

Joan Toggitt, Ltd.
246 Fifth Avenue
New York, New York 10001

United Stamped Linen
319 Grand Street
New York, New York 10002

PART I

EIGHTEENTH-CENTURY PULLED THREAD WORK/ SAMMENTRÆKSSYNING

BY/AF

Esther Fangel

Advertisement in "Adresseavisen", April 1762.

"A sewing school, where the daughters of gentlefolk may receive instruction in all forms of sewing and embroidery, such as samplers; toile de mousseline; various forms of white embroidery; also the making of flowers; the threading of pearls; the plaiting of hair bracelets with names and birds in them; also drawing, writing and arithmetic ... application should be made to Madame Sangstrup, who lives in Rain Street, second door from the corner of Willow Lane, on the left-hand side ..."

Advertisement in "Adresseavisen", 1760.

"Carl Johan Netterberg, lodging at No. 6 by Holmen's Church, makes hereby known that those wishing to inform themselves in the art of embroidery, be it couching or raised work on silk or muslin, likewise cambric and linen, in the latter case also cut-work, may address themselves to the above-mentioned place, as anyone may receive said instruction at agreed hours of the day at their homes according to their desires."

Adresseavisen, april 1762.

En Syskole, hvor honette Folks Børn kand blive informeret i adskillige Slags Syening nemlig: Navneklud, Dveldemosel, adskillige Slags Hvidsøm, samt at giøre Blomster, at trekke Perler, at virke Armbaand af Hovedhaar med Navn og Fugle i, samt at tegne og skrive, regne ... kand gives Anvisning hos Madame Sangstrup, boendes i Regnegaden anden Porten fra Hjørnet af Pilestrædet paa venstre Haand ...

Adresseavisen 1760.

Carl Johan Netterberg, som logerer udi Nr. 6 ved Holmens kirke, bekiendtgiør om nogen er sindet at lade sig informere udi Broderi, nedlagt eller ophævet være sig paa Silketøy, Tvede-mosel, som og paa Cammerdug og Lærred endog paa sidst-meldte durchgebrokken, kand adressere sig til formeldte Sted da enhver visse Timer paa Dagen efter egen behag hiemme hos sig selv kand informeres.

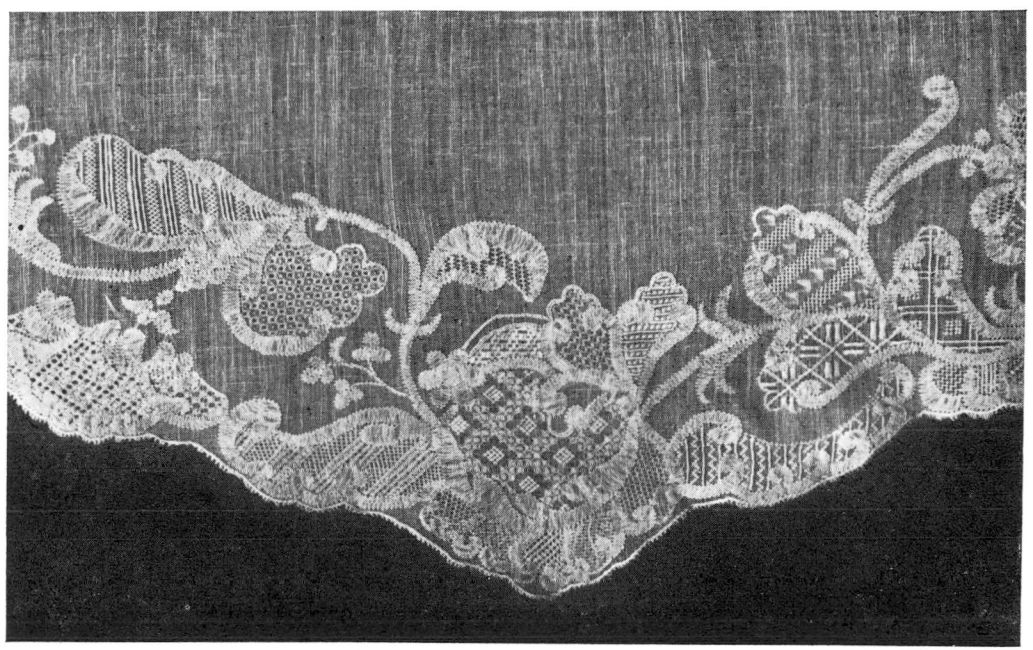

Embroidered lace / *Broderet knipling*

PULLED THREAD WORK

A few years ago the Danish Handicrafts Society in Copenhagen held an exhibition of needlework known as "Pulled Thread Work or Drawn Fabric Embroidery". The inspiration came from a number of examples of 18th century embroidered lace observed during the course of studies in Danish museums and private collections.

This form of needlework very quickly became popular – partly on account of the simple technique required – and has remained so. Many people are unacquainted with its origin, and this book has therefore been divided into two parts: the first illustrates a number of examples of the beautiful 18th century lace just mentioned, and the second part gives technical guidance concerning the most important details to be observed when embroidering lace.

To start with, a few observations on the subject of traditional lace embroidery will not be out of place.

The origin of embroidered lace was in all probability a desire for an inexpensive imitation that could take the place of genuine lace. It was much quicker to make, being worked on fabric as opposed to real lace, which was created entirely from linen thread with the help of a needle or a few bobbins.

In technical literature lace embroidery is known variously as "point de Dresde", "point de Saxe", or "Flemish work", reference being made to the places where this type of embroidery was first done. Sometimes it is known as "fil tiré genre Dinant", indicating that the style originated in the little Belgian town of Dinant. Here, "fil tiré" – the pulling together of threads – refers to the characteristic feature of the work. Another term is "toile de mousseline", meaning lace fillings on muslin.

The date of execution was seldom worked into

these embroideries, but a rough indication of their age is to be found in the advertisements which appeared under the heading of "Teaching & Instruction" in the columns of the Copenhagen gazette "Adresseavisen" during the 1760's (see below). The many samplers worked in this special form of embroidery show that at one time it was an accomplishment necessary to a "young gentlewoman" in order to be considered as well brought up. Concerning the pieces of muslin embroidery, kerchiefs, cuffs etc., themselves, we know little more than that they have come to us from Danish country manor houses. However, since muslin embroidery was included in the accomplishments taught, it is to be presumed that some of the items mentioned were made here in Denmark, though it is also probable that some of the finest pieces of work, which bear a distinctly professional stamp, may have found their way here from the production centres mentioned above.

SAMMENTRÆKSSYNING

For nogle år siden viste Selskabet til Haandarbejdets Fremme på en af sine udstillinger en syning, der fik navnet »sammentrækssyning«. Ideen til denne syning kom fra nogle broderede 17 hundrede-tals kniplinger, man under studier havde set på danske museer og i private samlinger.

Syningen blev meget hurtigt populær, bl.a. på grund af sin enkle teknik – og er det vedblivende – men dens smukke oprindelse er forblevet ukendt for de fleste, derfor deles det følgende i to afsnit: et første, der viser de ovenfor nævnte 17 hundrede-tals kniplinger, og et andet, der giver en syteknisk vejledning i kniplingsbroderiets vigtigste detaljer.

Nogle bemærkninger om det gamle kniplingsbroderi.

Den broderede knipling opstod sandsynligvis oprindeligt som en økonomisk overkommelig imitation af den ægte knipling. Den var langt hurtigere at fremstille end de ægte, fordi den blev udført på et bundstof i modsætning til forbilledet, hvis eneste middel var hørtråden i forbindelse med en nål eller nogle kniplepinde.

Kniplingsbroderiet har i faglitteraturen forskellige benævnelser som: »point de Dresde«, »point de Saxe« eller »flemish work«, de hentyder til de steder, hvor syningen først blev udført. Andetsteds omtales syningen som »fil tiré genre Dinant«, og her er forarbejdningsstedet, den sydbelgiske by Dinant, nævnt sammen med det karakteristiske ved syningen »fil tiré«, trådsammentrækningen. Syningen omtales også som »toile de mousseline«, kniplingsbund på musselin.

Til denne sidste benævnelse har tidligere museumsinspektør Elna Mygdal knyttet følgende interessante oplysning: I adresseavisens første årgange – se foranstående – træffer man i nogle af de annoncer, hvori der tilbydes undervisning i syning m.m., det ejendommelige ord »Dveldemosel« eller »Tvedemosel«, det sidste skyldes antagelig en trykfejl, og det er dette ord, Elna Mygdal har tydet som »toile de mousseline« sagt med dansk tunge. Det hjælper til med at tidsfæste de hvide musselinslæreklude, der kun sjældent har et indsyet årstal.

Efter hvad man kan skønne – udtrykkene er ændret med tiden – nævnes broderiet ikke senere hen i adresseavisens undervisningsannoncer, men de mange læreklude i dette specielle broderi viser, at det en tid har hørt med til de færdigheder, »honette Folks Pigebørn« dengang skulle kunne for at være vel opdraget.

Om selve musselinskniplingerne, tørklæderne, manchetterne m.fl., véd vi ikke meget mere, end at de er kommet fra vore herregårde, men siden musselinsbroderiet har været medtaget i undervisningen, må det antages, at nogle af de nævnte dele er fremstillet herhjemme, men det er også sandsynligt, at de bedste stykker, der bærer præg af professionel kunnen, er kommet hertil fra de omtalte forarbejdnings-centrer.

Examples of embroidered lace / *Broderede kniplinger*

Technique used: 1. Double Back Stitch – Chain Stitch – Pulled Thread Work. Width: $3^1/_4''$.
2. Double Back Stitch – Chain Stitch – Pulled Thread Work. Width: $3^3/_4''$.
3. Chain Stitch (tambour work) – Pulled Thread Work. Width: $3^1/_4''$.

Teknik: 1. Skyggesyning – kædesting – kniplingssyning. Bredde: 8 cm.
2. Skyggesyning – kædesting – kniplingssyning. Bredde: $9^1/_2$ cm.
3. Kædesting (tambourering) – kniplingssyning. Bredde: 8 cm.

3

Examples of embroidered lace / *Broderede kniplinger*

Technique used: 1. Double Back Stitch – Pulled Thread Work.
2. Double Back Stitch – Pulled Thread Work.

Teknik: 1. Skyggesyning – kniplingssyning.
2. Skyggesyning – kniplingssyning.

4

Part of an embroidered lace kerchief / *Del af et tørklæde i kniplingsbroderi*

Technique used: Couched Work – Pulled Thread Work.

Teknik: Nedlagt syning – kniplingssyning.

Embroidered lace collar and cuff / *Krave og manchet i kniplingsbroderi*

Technique used: Double Back Stitch – Chain Stitch – Pulled Thread Work.

Teknik: Skyggesyning – kædesting – kniplingssyning.

Embroidered lace kerchief / *Tørklæde i kniplingsbroderi*

Technique used: Buttonhole Stitch – Chain Stitch – Pulled Thread Work.

Teknik: Tungesting – kædesting – kniplingssyning.

Detail of same / *Detalje af samme.*

Embroidered lace cuff / *Manchet i kniplingsbroderi*

Technique used: Buttonhole Stitch – Chain Stitch – Pulled Thread Work.

Teknik: Tungesting – kædesting – kniplingssyning.

Embroidered lace kerchief / *Tørklæde i kniplingsbroderi*

Techniqued used: Buttonhole Stitch – Chain Stitch – Pulled Thread Work.

Teknik: Tungesting – kædesting – kniplingssyning.

Embroidered lace sampler / *Læreklud i kniplingsbroderi*

One half of the sampler shows examples of lace fillings, the other half application of these. Size: $8^1/_2'' \times 9''$.

På den ene halvdel af lærekluden vises prøver på kniplingsbunde, på den anden halvdel anvendelsen af disse.
Størrelse: 21 × 22 cm.

Embroidered lace sampler / *Læreklud i kniplingsbroderi*

Size: $13^{1}/_{4}'' \times 13^{3}/_{4}''$.

Størrelse: 33 × 34 cm.

Enlarged detail of sampler on page 10 / *Forstørret detalje af lærekluden side 10*

11

Enlarged detail of sampler on page 10 / *Forstørret detalje af lærekluden side 10*

Detail of same / *Detalje af samme*

As well as the many small samples of lace fillings, one often sees, as in this case, examples of how they can be used. The examples here are particularly interesting as they are unfinished and thereby reveal many details connected with embroidered lace work. On the embroidered designs at the top and the bottom, for instance, it can be seen that it is the outline of the pattern itself that is worked first, and that the small fillings in the flowers and leaves have to be completed before starting on the lace pattern of the background. In the central floral design the various other stitches that can be combined with lace fillings are used. This is a charming method of instruction. Lace embroidery was done on a frame and in order to strengthen the thin fabric, a strip of coarse ribbon was sewn on round the edge. On this sampler the ribbon has been left in place, but normally it was removed after the work was finished. The stitches used in the central floral design mentioned above are as follows:

Ved siden af de mange små prøver på kniplingsbunde ser man ofte, ligesom på denne læreklud, eksempler på syningens anvendelse. Eksemplerne her er særligt interessante, fordi de er ufærdige og derved giver oplysninger om kniplingsbroderiets mange enkeltheder. På kniplingerne øverst og nederst kan man f.eks. se, at selve det tegnede mønster er det første, der bliver syet, og at de små bunde inden i blomster og blade skal være syet før baggrundens kniplingsmønster – og i midterbuketten er de forskellige andre syninger, der forbindes med kniplingssyningen, samlet – pædagogik på en charmerende måde! Kniplingsbroderiet blev udført i ramme, og for at få en fast kant til udspændingen kastede man et groft bændel til kanten.
På denne læreklud har det fået lov til at blive siddende, men normalt blev det taget bort efter endt syning. Midterbukettens ovenfor omtalte syninger er følgende:

Double Back Stitch along a pencilled line.
Small Back Stitches to the right and to the left are made simultaneously with the result
that the threads cross at the back of the fabric making it appear as though it were double.
The technique is also used in fillings, fig. 6, page 17.

Skyggesyning efter en tegnet streg.
Stingene på venstre og højre side syes samtidigt, derved krydser trådene på vrangsiden frem og
tilbage og får stoffet til at syne dobbelt.
Teknikken bruges også i »bundene« (tegn. 6, side 17).

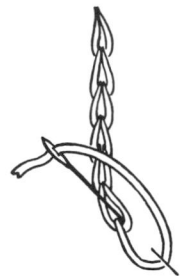

Chain Stitch.
NB. Sometimes Chain Stitches are tamboured, i.e. "crocheted" with a special tool
through the tightly stretched fabric.

Kædesting.
NB. Undertiden er kædestingene tamboureret. d.v.s. »hæklet« med et specielt redskab gennem
det stramt udspændte stof.

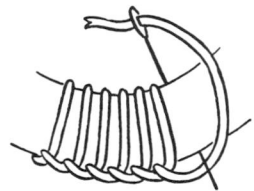

Buttonhole Stitch.
The stitches are sewn close together.
This stitch has been used on the kerchief from the Nordiska Museum, page 7.

Tungesting.
Stingene syes lige så tæt som i almindelig fladsyning.
Syningen er anvendt på tørklædet fra Nordiska Museet, side 7.

Couching.
A thick thread is sewn on to the ground fabric with a finer thread. The lace design at
the bottom of the sampler has been worked in this way.
Couching is often done through two layers of fabric. When the work has been com-
pleted, the superfluous fabric surrounding the pattern is cut away on the reverse side.
The pattern thus stands out in white against the transparent background, see page 5.

Nedlagt syning.
En tyk tråd syes til underlaget med en tyndere. På lærekludens nederste »knipling«er mønster-
syningen udført på denne måde.
Syningen udføres ofte gennem to lag stof; når det overflødige stof uden om mønsteret efter endt
syning igen klippes bort på vrangen, kommer mønsteret til at træde hvidt frem mod den gennem-
sigtige bund, side 5.

A few of the old pulled thread work designs
Nogle af de gamle sammentræksmønstre

General rules which apply to the drawings in the following section:

1. Where the embroidery begins is marked with a bead.
2. The direction taken by the thread on the reverse side is indicated by a dotted line. On a few of the diagrams however, the thread has been drawn in, indicating that it can just be seen through the fabric.
3. On the stitch diagrams the pulling together of the threads of the ground fabric is only shown in certain cases.
4. When the embroidery has to be continued from one row to another, it is often necessary to make an extra stitch in the fabric or behind the stitches on the reverse side. There are no fast rules laid down for this, beyond the fact that such stitches should be made as invisibly as possible.

Fælles regler for tegningerne i det følgende afsnit.

1. Syningens begyndelse betegnes med en perle.
2. Trådens forløb på vrangsiden angives med en punkteret linie. På nogle ganske få tegninger er tråden dog tegnet med, så den skimtes igennem stoffet.
3. På stingtegningerne er sammentrækningen af bundstoffets tråde kun af og til antydet.
4. Når syningen skal fortsætte fra en række til en anden, er det tit nødvendigt at tage et hjælpesting i stoffet eller ind under stingene på vrangen. For dette er der ingen faste regler, ud over at det må gøres så usynligt som muligt.

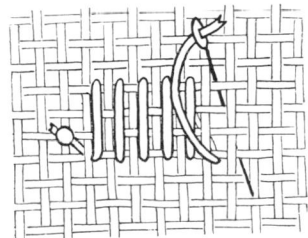

1 a

A few of the most commonly used stitches in lace filling:

Nogle af kniplingssyningens mest anvendte sting:

Fig. 1. When stitches are made very close together, i.e. a stitch in between every thread of the ground fabric, this is called, for the sake of simplicity a "block". Satin Stitch "blocks" can be made from left to right (1 a) or from right to left (1 b).

Teg. 1. En tæt kastning med hvert sting i en trådfure, d. v. s. på lige imellem to tråde, kaldes for nemheds skyld en »pind«.
En »pind« kan syes fra venstre mod højre (1 a) eller fra højre mod venstre (1 b).

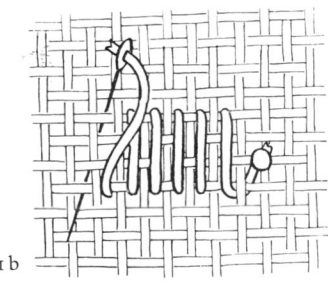

1 b

Fig. 2. Oblique Satin Stitch. Each stitch crosses over one vertical thread.

Tegn. 2. Kastning på skrå. Det enkelte sting hælder over én tråd.

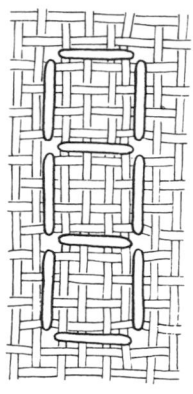

Fig. 3. Four-sided Stitch. A row of four-sided stitches is made by starting at the top left-hand corner a, b, c. Each time a new stitch is started the needle is inserted diagonally, so that three diagonal stitches are made on the reverse side.

Tegn. 3. Kvadratsting. En række kvadratsting kan syes som a, b, c med udgangspunkt i øverste, venstre hjørne. For hver gang der skiftes fra et sting til et andet, holdes nålen på skrå, derved bliver der tre skrå sting på vrangen.

Fig. 3 d. In pulled thread work, Four-sided Stitch is often made in the opposite direction, i. e. starting at the top right-hand corner as shown d, e, f, with the needle again inserted diagonally in the same way.

Tegn. 3 d. I sammentrækssyning syes kvadratstingene lige så ofte spejlvendt, d.v.s. med udgangspunktet i øverste, højre hjørne, som d, e, f med nålen som sædvanligt på skrå.

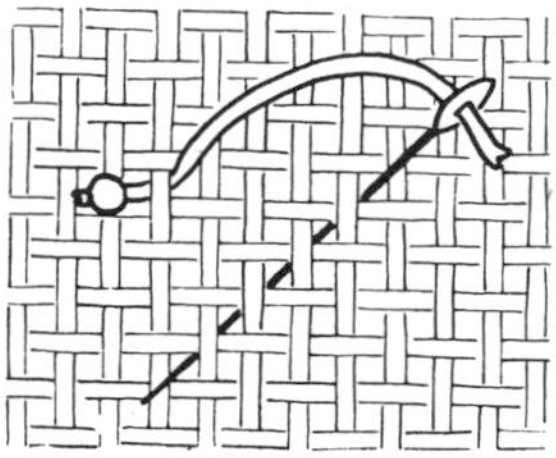

3

3 a

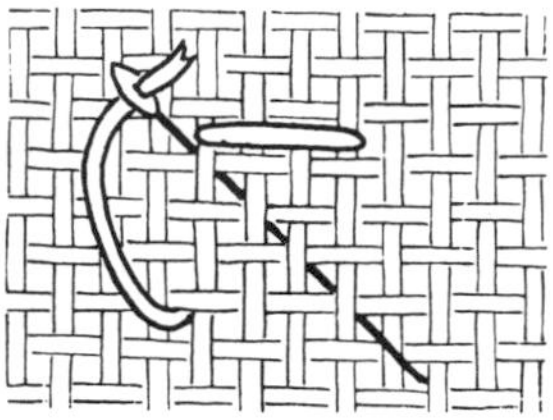

3 b

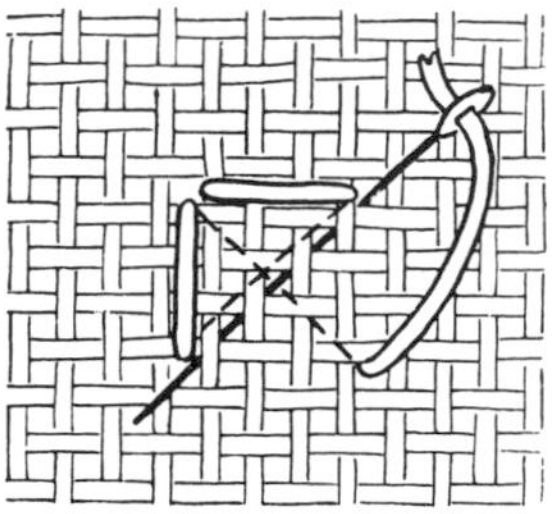

3 c

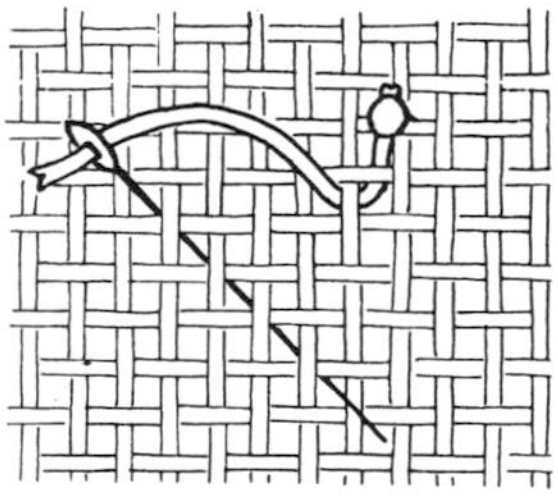

3 d

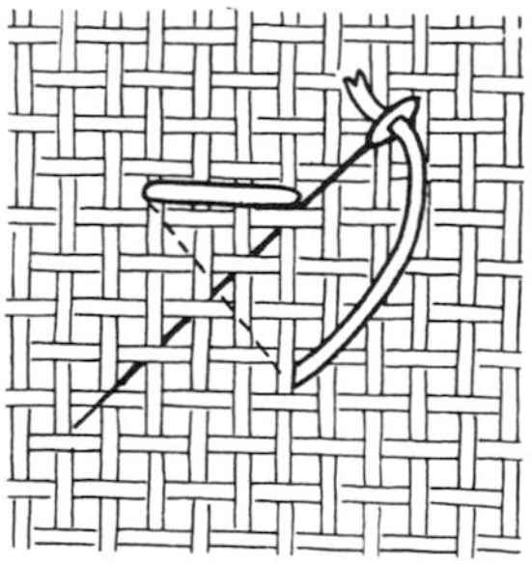

3 e

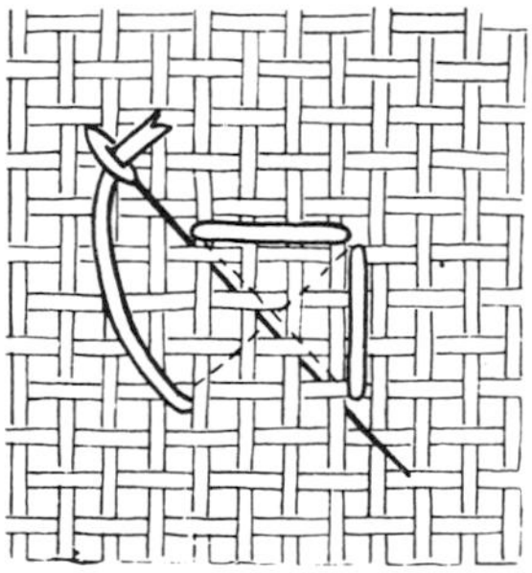

3 f

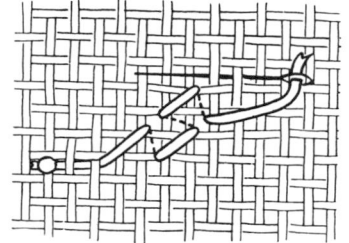

Fig. 4. Chained Border Stitch or Cable Stitch. The first row of stitches (4a) shows half of the "chain", which consists of small diagonal stitches across two or more threads. When making the first stitch the thread is held to the left, on the second to the right, and so on alternately.

Tegn. 4. »Lænken«. Den første syningsrække (4a) viser halvdelen af »lænken«. Det er små sting på skrå over to eller flere tråde. Ved det første sting lægges tråden tilvenstre, ved det andet, tilhøjre, og således skiftevis.

4 a

16

The second row of stitches, shaded on the diagram, is made like the first, close up against them (4b), but the fabric must be turned round for each row.

Anden syningsrække, der er skraveret på tegningen, syes som den første og lige op ad denne (4b), men sytøjet må vendes for hver række.

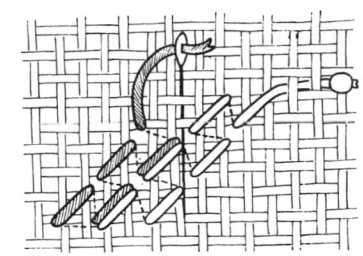

4 b

Fig. 5. Single Faggot Stitch. The diagram shows "half squares" made in a diagonal row, really like Chained Border Stitch but sewn from the reverse. The individual stitches are made first horizontally and then vertically, the needle passing diagonally under three threads each time.

Tegn. 5. Denne tegning viser halve kvadrater syet i en skrå række, det er egentlig »lænken«, syet fra bagsiden. De enkelte sting ligger i lodrette og vandrette trådmellemrum, og nålen stikkes hver gang på skrå under tre tråde.

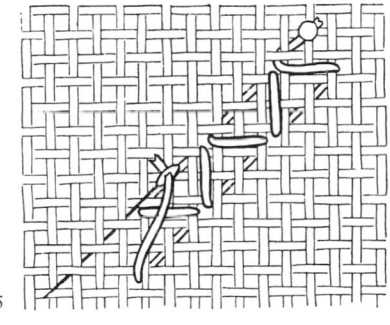

5

Fig. 6. Double Back Stitch. Two rows of stitches which on the right side of the work look like Back Stitch, become "Double Back Stitch" when, as shown on this diagram, they are made simultaneously. The crossed stitches lie on the reverse side of the fabric. When thin, transparent fabric is embroidered with this stitch, the stitches on the reverse side shine through. This is known as Shadow Work.

Tegn. 6. Skyggesyning. To stingrækker, der på retsiden ligner almindelige stikkesting, bliver til »skyggesyning«, når de som tegn. 6 viser, udføres samtidigt. Tråden, der derved spændes frem og tilbage på vrangsiden, giver på tyndt, gennemsigtigt stof en fornemmelse af, at dette er dobbelt, en hvid »skygge« kunne man måske sige for at forsøge at give en forklaring på det noget mærkelige ord.

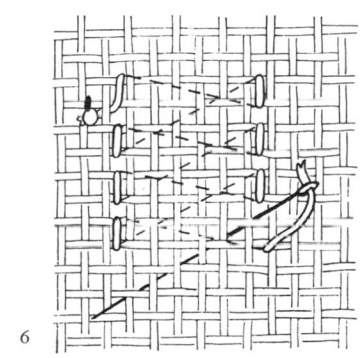

6

Fig. 7. Loop Stitch or Greek Cross Filling Stitch. This is one of the most interesting of the stitches used here due to the fact that, where used, it completely changes the character of the weave in the fabric. On the diagram the Greek Cross Filling Stitch is shown being made from left to right, but it can just as well be made in the opposite direction, if for one reason or another it appears to come more naturally.

NB. Only three loops are made, as the fourth comes automatically when the final diagonal stitch closes round the thread where it was started.

Tegn. 7. Slyngestinget er næsten det mest interessante af de her anvendte sting, fordi det, hvor det bruges, fuldstændigt ændrer stoffets vævekarakter. På tegningen udføres slyngningen fra venstre mod højre, men det kan lige så godt gøres modsat, hvis det af en eller anden grund falder mere naturligt.
NB: Der slynges kun tre gange, den fjerde slyngning kommer af sig selv, når det afsluttende tværsting griber omkring begyndelsestråden.

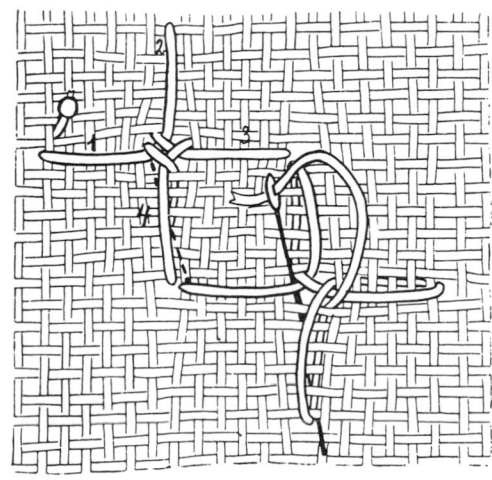

7

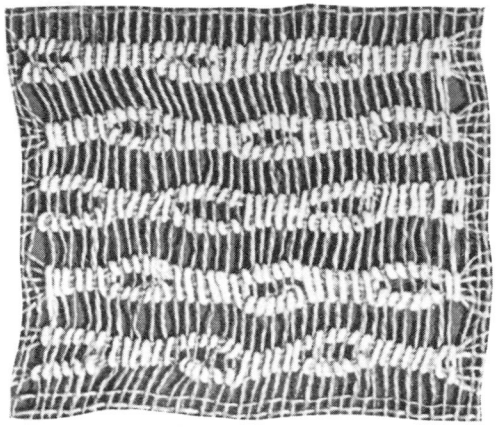

Pulled Thread Design No. 1.

The pattern begins with a small "block" three threads in height and six stitches in length. When the sixth stitch is made, the needle is inserted behind the stitch and down under three new threads in the fabric, ready for the "block" below. From this "block", which is stitched from right to left, the thread is passed back under the stitches on the reverse side to the broad "block". The pattern is formed by repeating this detail.

NB. If the first row ends with a broad "block", the next row must begin with two narrow "blocks" or vice versa.

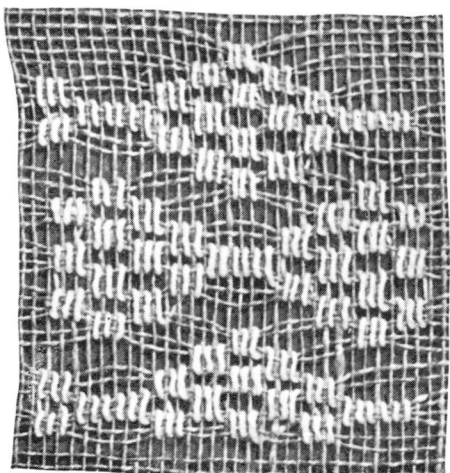

Pulled Thread Design No. 2.

This ground pattern also consists of "blocks", this time of different sizes. The first "block" has six stitches. The next three "blocks", still in the pale row in the diagram, have three stitches each and all are made from right to left. In the second row, which is shown shaded, the "blocks" are stitched from left to right, and in the third row, the opposite way. The fourth row (shaded), which consists of three small "blocks" only, is stitched from left to right. When this short row has been completed, the needle finishes at the bottom to the right and the thread must therefore be passed under the stitches on the reverse side in order to begin a new "block" of six stitches.

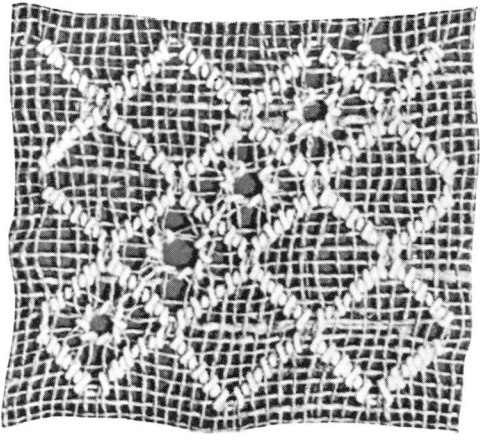

Pulled Thread Design No. 3.

The pattern begins with a row of stitches made alternately over a 2-thread square and over a single thread crossing. From the first row the thread is passed under 4 threads of the fabric on to the next row and so on. When the fabric has been squared with these zig-zag lines, the Eyelet Hole in the middle of each square is made. The stitches in these holes are made from the outside in towards the centre and in a clockwise direction. The very long stitch which remains on the reverse side is caught down by the overcasting stitches of the Eyelet Hole.

Diagram of Pulled Thread Design No. 1.

Tegning til sammentræksmønster nr. 1.

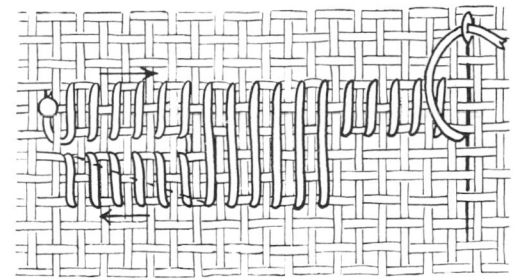

Sammentræksmønster nr. 1.
Mønsteret begynder med en lille »pind«, tre tråde i højden og seks sting i længden. Idet det sjette sting syes, stikkes nålen bag om stinget og ned under tre nye tråde i stoffet, parat til »pinden« nedenunder. Fra denne »pind«, der syes fra højre mod venstre, føres tråden tilbage under stingene på vrangen, til den brede kastning. Ved at gentage denne detalje dannes mønsteret.
NB. Slutter første række med en bred pind, begynder næste række med to små »pinde«, eller omvendt.

Diagram of Pulled Thread Design No. 2.

Tegning til sammentræksmønster nr. 2.

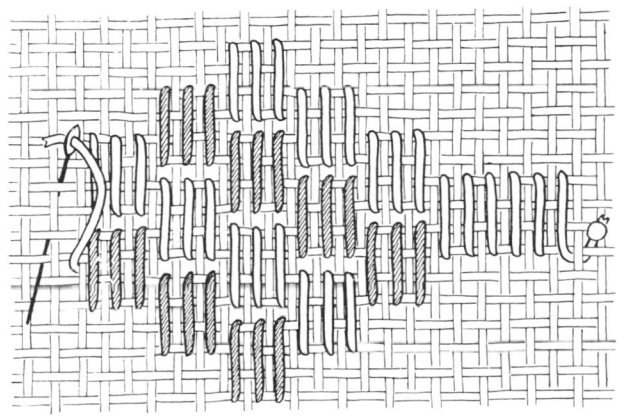

Sammentræksmønster nr. 2.
Dette bundmønster består ligeledes af »pinde«, denne gang i forskellige størrelser. Den første »pind« er på 6 sting, de tre næste stadig i den lyse række, er hver på tre sting og syes alle fra højre mod venstre. I anden række, der er skraveret, syes »pindene« fra venstre mod højre og i tredie række, modsat. Fjerde række (skraveret), der kun består af tre små »pinde«, syes fra venstre mod højre. Når denne korte række er syet færdigt, ender man nederst tilhøjre, derfor må tråden føres under stingene på vrangen, frem til en ny begyndelsespind på seks sting.

Diagram of Pulled Thread Design No. 3.

Tegning til sammentræksmønster nr. 3.

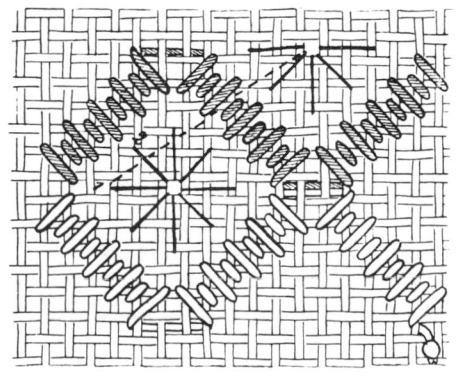

Sammentræksmønster nr. 3.
Mønsteret begynder med en række sting, skiftevis syet over et trådkvadrat på to tråde og over et enkelt trådkryds Fra den første række føres tråden under 4 tråde i stoffet frem til den næste række o.s.v. Når stoffet er kvadreret af med disse siksak-linier, syes hullet i midten af hver firkant. Stingene i disse huller syes udefra og ind mod midten, og syretningen er den samme som visernes gang på uret. Det meget lange sting, der bliver på vrangen, tages med ind i kastningen.

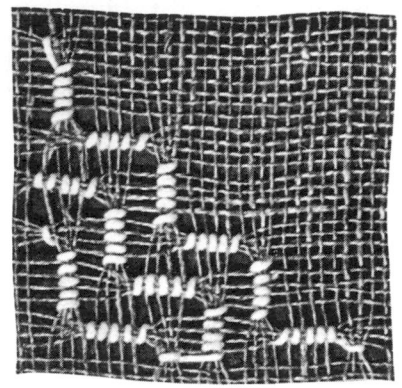

Pulled Thread Design No. 4 or Step Stitch Filling.

This pulled thread design is formed by "blocks" each 5 stitches in length. The first stitch next to the bead is the last stitch in a horisontal line running outside the pattern. Irregularities like this, which are particularly aggravating in patterns that are embroidered in diagonal rows, are more easily understood if one imagines that the pattern continues beyond the area it is desired to cover.

After the first stitch, the "block" is embroidered from right to left and the next in the opposite direction. In the second row, shown shaded on the diagram, the first "block" is embroidered from right to left, which means that the fabric must be turned. The next "block" is stitched from left to right and so on.

NB. If the diagonal stitches on the reverse fail to appear, a mistake in the direction of the stitching has been made somewhere.

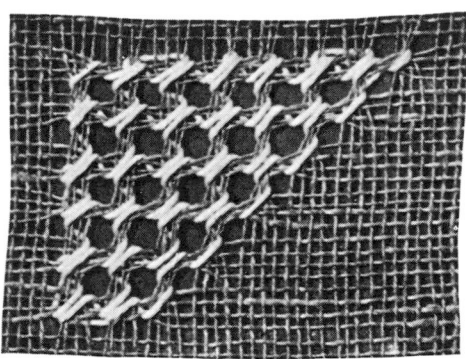

Pulled Thread Design No. 5.

The Chained Border or Cable Stitch is made in diagonal rows over an area. With this and similar patterns that are worked diagonally it is easier to begin with the longest row in the area to be covered as the pattern is here repeated several times without irregularities.

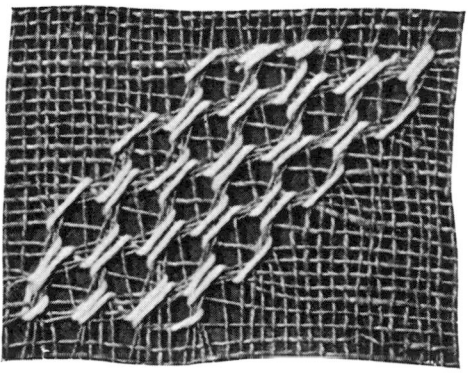

Pulled Thread Design No. 6.

Chained Border or Cable Stitch worked with the number of threads altered. The procedure is as indicated above, but the stitch on the right side of the fabric is made diagonally over a 5-thread square, while the understitch is only over the usual 4 threads. In this manner two threads crossing in the fabric are left free thus giving the pattern a completely different appearance.

Diagram of Pulled Thread Design No. 4.

Tegning til sammentræksmønster nr. 4.

Sammentræksmønster nr. 4.
Dette sammentræksmønster er dannet af »pinde«, der er 5 sting i læng-
den. Begyndelsesstinget ved perlen er det sidste sting i en vandret »pind«,
der går uden for mønsteret. Sådanne uregelmæssigheder, der er særligt
generende i mønstre, der syes i skrå rækker, forstås lettere, hvis man
tænker sig, at mønsteret fortsætter uden for den flade, man vil dække.
»Pinden« efter begyndelsesstinget syes fra højre mod venstre, og den
næste modsat. I anden række, der er skraveret, syes første »pind« fra
højre mod venstre, hvorfor sytøjet må vendes. Næste »pind« fra venstre
mod højre o.s.v. NB. Hvis de skrå vrangsting udebliver, har syretnin-
gen et eller andet sted været forkert.

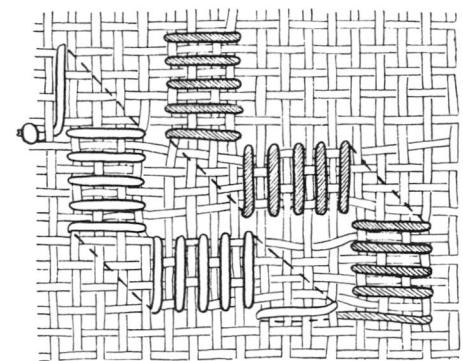

Diagram of Pulled Thread Design No. 5.

Tegning til sammentræksmønster nr. 5.

Sammentræksmønster nr. 5.
»Lænken« syet i skrå rækker over en flade. Ved dette og
lignende mønstre, der udføres på skrå, er det lettere at begynde
med fladens længste række, fordi mønsteret her gentages flere
gange uden uregelmæssigheder.

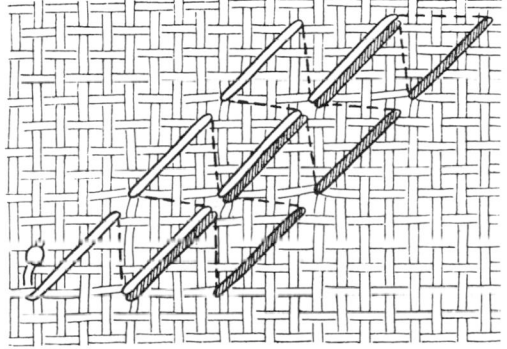

Diagram of Pulled Thread Design No. 6.

Tegning til sammentræksmønster nr. 6.

Sammentræksmønster nr. 6.
»Lænken« syet med et ændret trådantal.
Fremgangsmåden er som ovennævnte, men stinget på retsiden
ligger skråt over et trådkvadrat på 5 tråde, medens under-
stinget kun er på de sædvanlige 4 tråde. Derved frigøres det
lille trådkryds i stoffet og giver mønsteret et helt andet udseende.

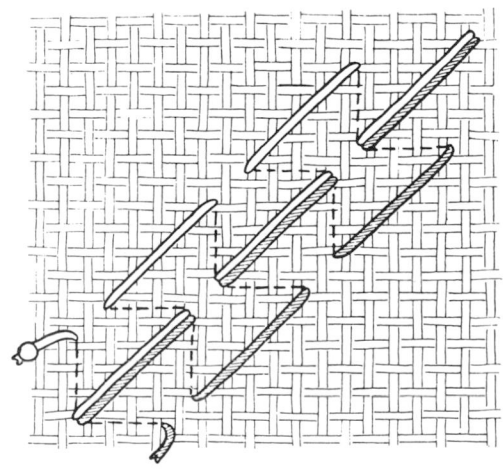

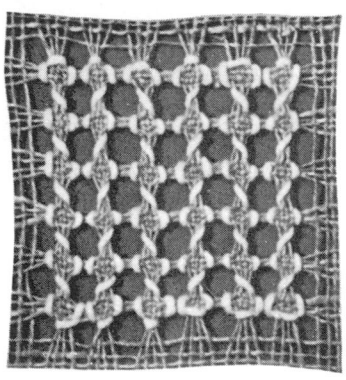

Pulled Thread Design No. 7. Four-sided Stitch in vertical rows.
In order that the diagonal stitches run alternately to the left and to the right as shown on the photograph, the stitching of the first row must be commenced at the top left-hand corner, and of the second row at the top right-hand corner, after the work has been turned. Before turning however, it is necessary to pass the thread through one stitch on the reverse side, as the last stitch in the row ends where the first stitch in the second row has to begin. See also fig. 3 on page 16.

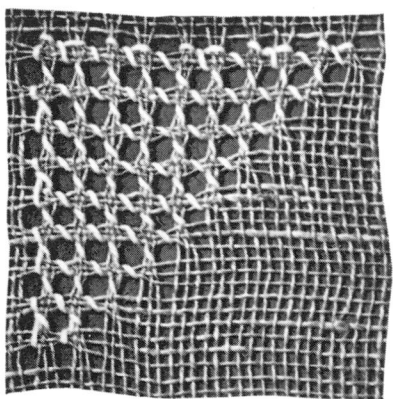

Pulled Thread Design No. 8.
This pattern is formed by rows of Single Faggot Stitch, which is explained at the beginning of the section, fig. 5, page 17.

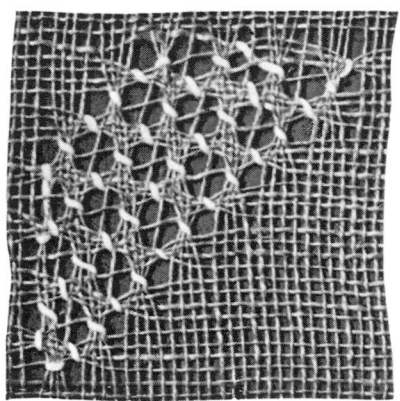

Pulled Thread Design No. 9.
This pattern also consists of Single Faggot Stitch made in diagonal rows as usual, but with the rows separated so that the resultant appearance is different. Just as in Design No. 8, the edge is irregular and should preferably be evened up with Chain Stitch or another similar stitch.

Diagram of Pulled Thread Design No. 7.

Tegning til sammentrækssyning nr. 7.

Sammentræksmønster nr. 7. Kvadratsting i lodrette rækker.
For at få tværstingene til at hælde forskelligt som på fotografiet skal
syningen i første række begynde i øverste, venstre hjørne, og i anden række
i øverste, højre hjørne, efter at sytøjet er vendt. Inden der vendes, er det
dog nødvendigt at sy et sting på vrangen, da det sidste sting i rækken
netop ender, hvor det første sting i anden række skal begynde. Se i øvrigt
tegn. 3 side 16.

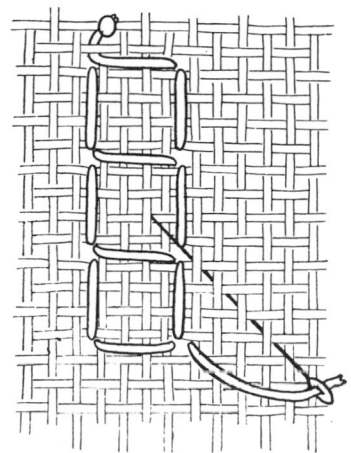

Diagram of Pulled Thread Design No. 8.

Tegning til sammentrækssyning nr. 8.

Sammentræksmønster nr. 8.
De halve kvadratsting, der er forklaret i afsnittets begyndelse
(tegn. 5, side 17), danner dette mønster.

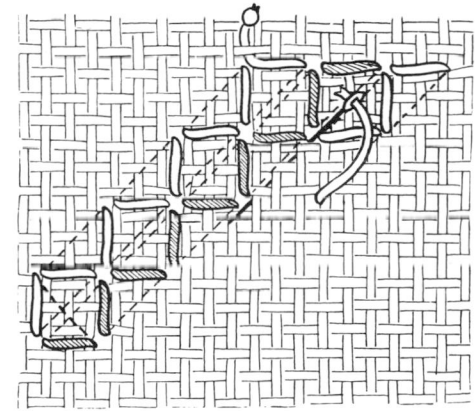

Diagram of Pulled Thread Design No. 9.

Tegning til sammentrækssyning nr. 9.

Sammentræksmønster nr. 9.
Dette mønster består også af halve kvadrater, syet i de sædvanlige
skrå rækker, men disse er adskilt, og derved bliver udseendet et
andet. Kanten er ligesom i nr. 8 ujævn og skal helst dækkes af
kædesting o.l.

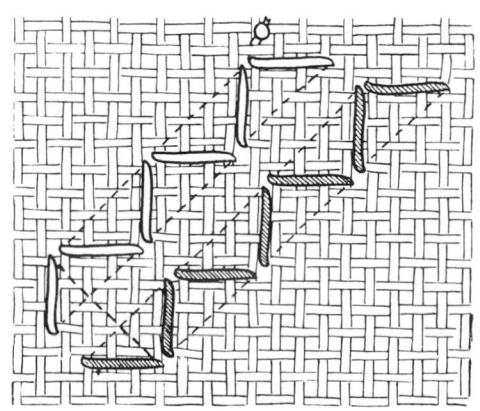

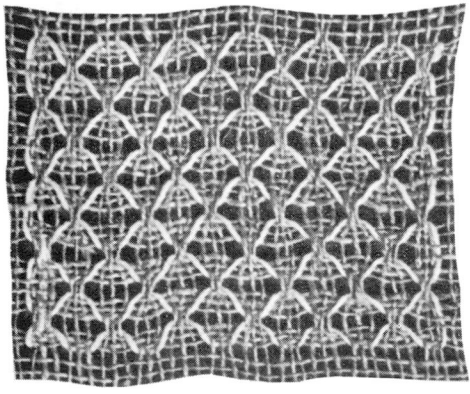

Pulled Thread Design No. 10. Honeycomb Darning Stitch.
The work is executed in horizontal rows.

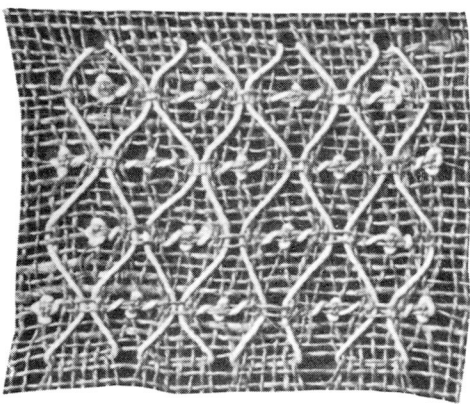

Pulled Thread Design No. 11.
Honeycomb Darning Stitch is worked first, for example vertically, whereupon the Four-sided Stitch is made in a horizontal direction. As a variation the Honeycomb Darning Stitch can be done with double thread.

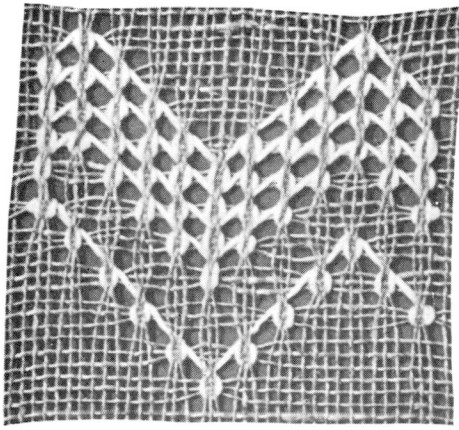

Pulled Thread Design No. 12, or Indian Drawn Ground Filling.
The single row at the bottom of the photograph corresponds to that illustrated on the diagram. If several rows are to be embroidered next to each other, it is easiest to begin with the top one.

Diagram of Pulled Thread Design No. 10.

Tegning til sammentræksmønster nr. 10.

Sammentræksmønster nr. 10. Trækkesyning.
Syningen udføres i vandrette rækker.

Diagram of Pulled Thread Design No. 11.

Tegning til sammentræksmønster nr. 11.

Sammentræksmønster nr. 11.
Trækkesyningen tages først, derefter kvadratstingene, der
syes på tværs af den første syretning.
Trækkesyningen kan eventuelt syes med dobbelt tråd.

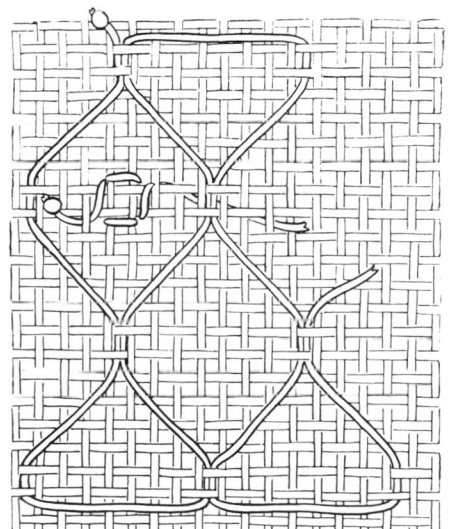

Diagram of Pulled Thread Design No. 12.

Tegning til sammentræksmønster nr. 12.

Sammentræksmønster nr. 12.
Den enkelte række nederst på fotografiet svarer til tegningen.
Hvor flere rækker skal syes ved siden af hinanden, er det
lettest at begynde med den øverste.

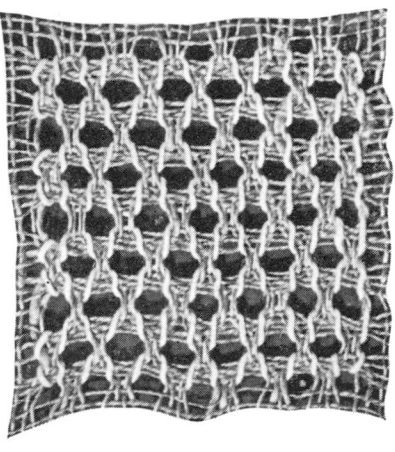

Pulled Thread Design No. 13. Wave Stitch Filling.
The work is done, as shown on the diagram, in horizontal rows, backwards and forwards.

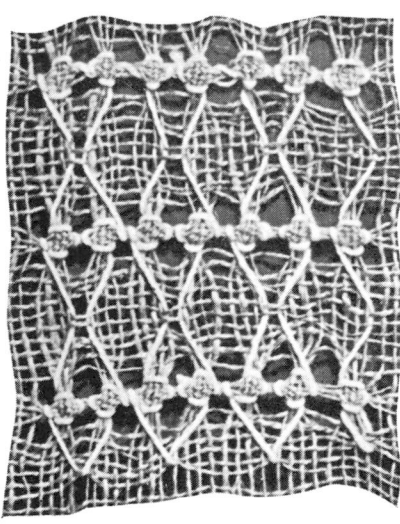

Pulled Thread Design No. 14.
In this pattern the Honeycomb Darning Stitch and the Four-sided Stitch are made simultaneously. As the diagram shows, the work is carried out in vertical rows. The order of the stitches in the Four-sided Stitch is not the usual one, for which reason they have been numbered.
The reversed effect in the second row comes automatically when the fabric is turned round.

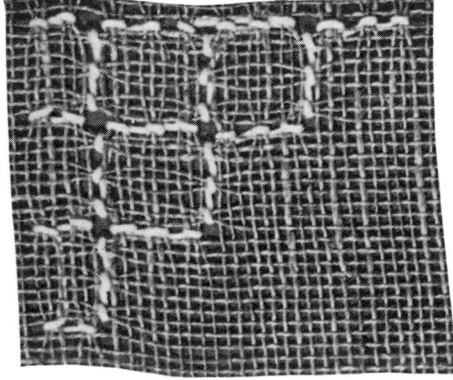

Pulled Thread Design No. 15.
Squaring obtained with ordinary Back Stitch. The work should be done in zig-zag rows diagonally across the area. The stitches should be pulled fairly tight.

Diagram of Pulled Thread Design No. 13.

Tegning til sammentræksmønster nr. 13.

Sammentræksmønster nr. 13. Trækkesyning.
Syningen udføres, som vist på tegningen, i vandrette rækker,
frem og tilbage.

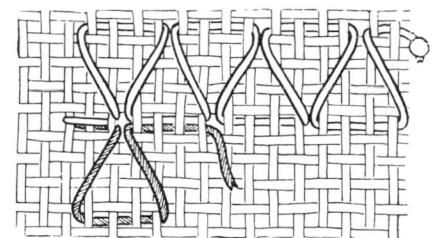

Diagram of Pulled Thread Design No. 14.

Tegning til sammentræksmønster nr. 14.

Sammentræksmønster nr. 14.
I dette mønster syes trækkesyningen og kvdaratstingene på samme
tid. Som tegningen viser, udføres syningen i lodrette rækker.
Stingenes rækkefølge i kvadratstinget er ikke den sædvanlige,
derfor er de nummereret.
Det spejlvendte i anden række kommer af sig selv, når sytøjet
vendes.

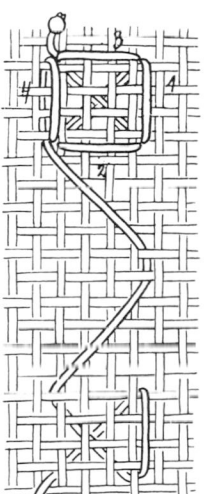

Diagram of Pulled Thread Design No. 15.

Tegning til sammentræksmønster nr. 15.

Sammentræksmønster nr. 15.
En kvadrering med almindelige stikkesting. Syningen udføres i
siksak-rækker på skrå over fladen. Stingene skal trækkes ret
fast til.

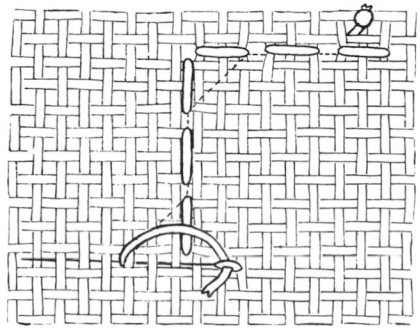

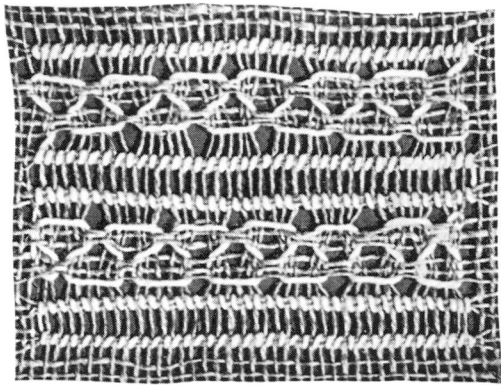

Pulled Thread Design No. 16.
In this design it is easiest to embroider all the "blocks" before starting on the intervening pattern in Honeycomb Darning Stitch.

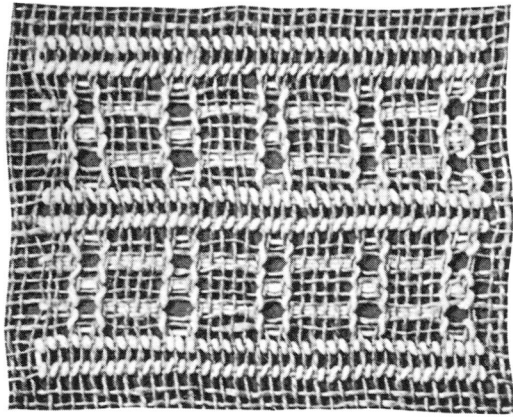

Pulled Thread Design No. 17.
In this design too, the "blocks" are best completed before starting on the intervening pattern rows.

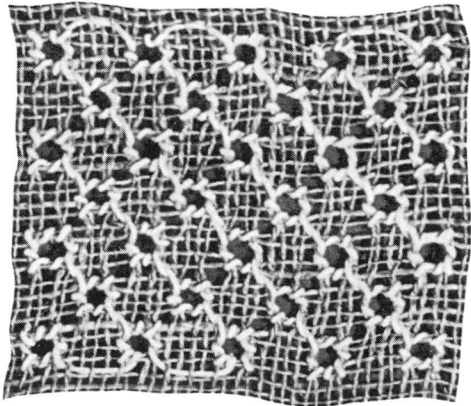

Pulled Thread Design No. 18.
The pattern is formed by working a row of half Algerian Eye Stitch. By completing the stitches in the second row, as shown on the diagram, balanced stitches are made.

Diagram of Pulled Thread Design No. 16.

Tegning til sammentræksmønster nr. 16.

Sammentræksmønster nr. 16.
I dette mønster er det lettest at sy alle »pindene«, inden der begyndes på det mellemliggende mønster i trækkesyning.

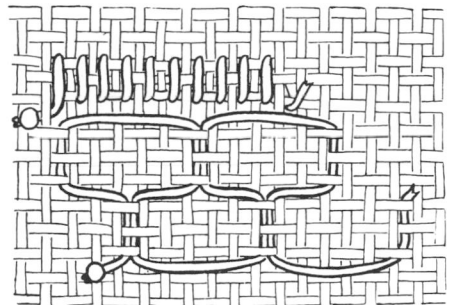

Diagram of Pulled Thread Design No. 17.

Tegning til sammentræksmønster nr. 17.

Sammentræksmønster nr. 17.
Også i dette mønster skal »pindene« helst syes, inden der begyndes på de mellemliggende mønsterrækker.

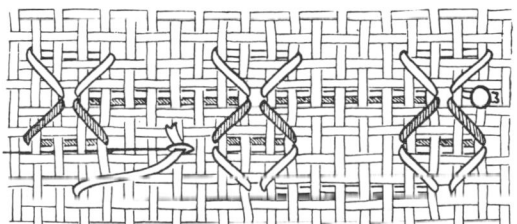

Diagram of Pulled Thread Design No. 18.

Tegning til sammentræksmønster nr. 18.

Sammentræksmønster nr. 18.
Mønsteret er dannet af de såkaldte hulsting. Ved at sy hulstingene i to syningsrækker, som angivet på tegningen, opnår man at få ret- og vrangside fuldstændig ens.

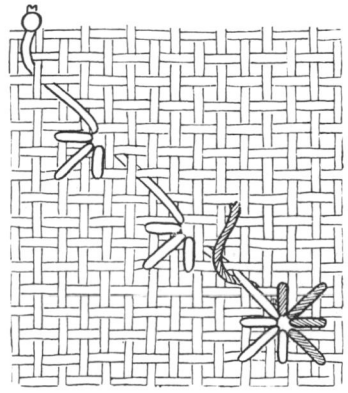

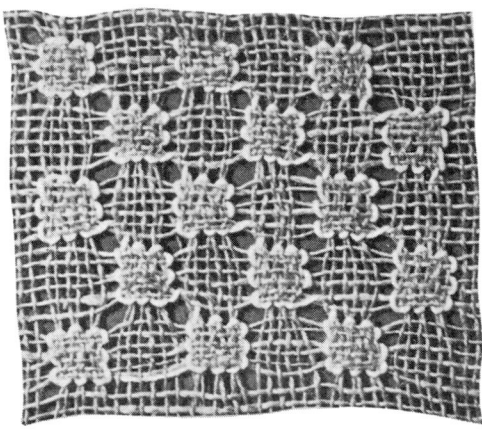

Pulled Thread Design No. 19.

Squaring by means of Double Back Stitch.

In order to make the squares as "square" as possible, the Double Back Stitch is made in two sections, so that the long connecting threads on the reverse of the fabric form two layers. On the diagram the first of these is marked with a heavy black line, the second with a dotted line. The transitional stitch from the first Double Back Stitch square to the second is marked by a dotted line, but otherwise the path of the thread on the reverse side is not indicated again, as the sequence of the stitches is the same as in the first square.

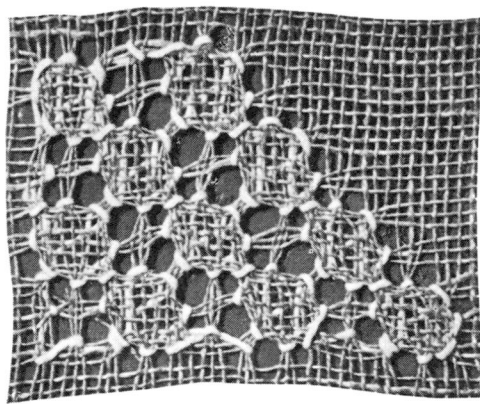

Pulled Thread Design No. 20.

Circular pattern with Double Back Stitch.

The work is carried out diagonally across the area to be covered.

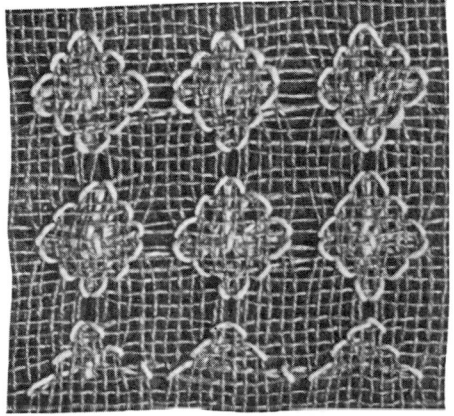

Pulled Thread Design No. 21.

Small squares are placed like diamonds in this pattern, which is executed in Double Back Stitch. The principle is the same as in Design No. 19. Begin in the usual way at the bead and thereafter follow the numbers of the stitches indicated on the diagram and also the heavy black lines, which in this case indicate the path of the thread on the reverse.

When the twelfth stitch has been completed, the needle is passed in towards the centre in order to make stitch No. 13, from left to right, whereafter the thread is taken down to the first stitch of the next Double Back Stitch diamond.

Diagram of Pulled Thread Design No. 19.

Tegning til sammentræksmønster nr. 19.

Sammentræksmønster nr. 19.
Kvadrering med »skyggesyning«.
For at få firkanterne så retvinklede som muligt syes »skygge-syningen« som vist på tegningen i to afdelinger, derved kommer de lange forbindelsestråde på vrangen til at ligge i to lag, der er markeret dels med en sort linie, dels med en punkteret. Overgangs-stinget mellem første og andet skyggesyningskvadrat er vist ved en punkteret linie, men ellers er trådens forløb på vrangen ikke angivet igen, da syningen her er som i det første kvadrat.

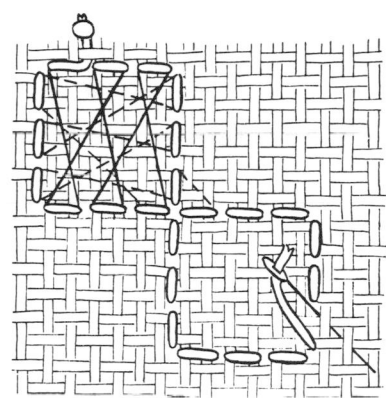

Diagram of Pulled Thread Design No. 20.

Tegning til sammentræksmønster nr. 20.

Sammentræksmønster nr. 20.
Cirkelmønster i »skyggesyning«.
Syningen udføres på skrå over den flade, der skal dækkes.

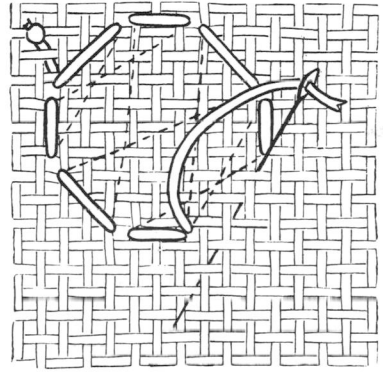

Diagram of Pulled Thread Design No. 21.

Tegning til sammentræksmønster nr. 21.

Sammentræksmønster nr. 21.
Små kvadrater stillet på spids er i dette mønster udført i skygge-syning. Princippet er det samme som i mønsteret nr. 19.
Der begyndes som sædvanligt ved perlen, og derefter følges gan-gen i syningen ved hjælp af numrene på stingene og de sorte stre-ger, der her angiver trådens forløb på vrangen.
Fra det tolvte sting føres nålen ind til midterstinget, der syes fra venstre mod højre, og derfra føres tråden ned til det første sting i den næste skyggesyningsfirkant.

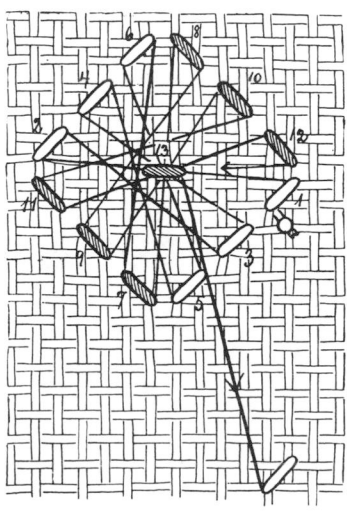

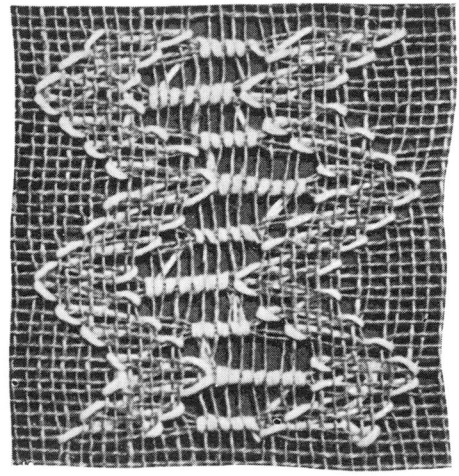

Pulled Thread Design No. 22.
Double Back Stitch and "blocks".
Here the method to be recommended is to work all the Double Back Stitch first in order to avoid the difficulty of the counting of threads.

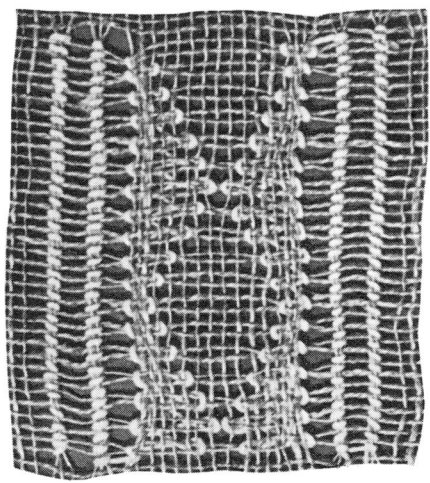

Pulled Thread Design No. 23.
Double Back Stitch and "blocks".
In this design the "blocks" are made first, thereafter the Double Back Stitch.
NB. The stitches on the right-hand side of the Double Back Stitch – see diagram – do not form, as on the left-hand side, a continuous row, as each stitch is placed one thread out to the right. This is a small detail which migh easily be overlooked.

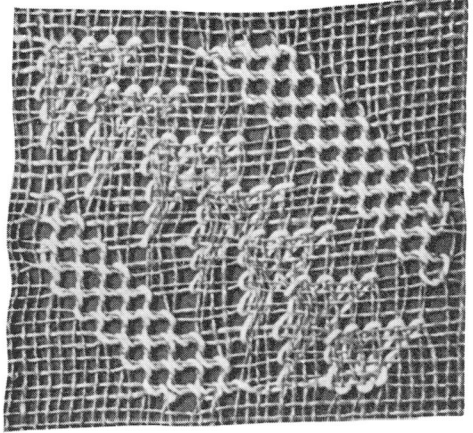

Pulled Thread Design No. 24.
Triangles worked in Double Back Stitch as shown on the diagram. The patterned row which alternates with the Double Back Stitch is a double row of Chained Border Stitch. An explanation of how the Chained Border Stitch is worked is given on pages **16 and 17,** diagrams 4a and b.

Diagram of Pulled Thread Design No. 22.

Tegning til sammentræksmønster nr. 22.

Sammentræksmønster nr. 22.
Skyggesyning og »pinde«.
Her er det mest hensigtsmæssigt at sy »skyggesyningen« først,
derved undgår man en lidt besværlig trådtælling.

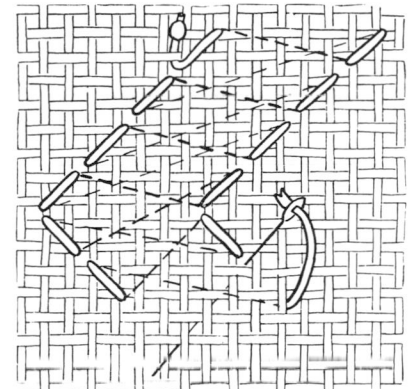

Diagram of Pulled Thread Design No. 23.

Tegning til sammentræksmønster nr. 23.

Sammentræksmønster nr. 23.
»Skyggesyning« og »pinde«.
Pindene syes i dette tilfælde først, derefter »skyggesyningen«.
NB: Stingene på højre side af skyggesyningen – se tegningen –
danner ikke, som den venstre side, en sammenhængende række,
fordi hvert sting rykker én tråd til højre, en lille ting, der let
overses.

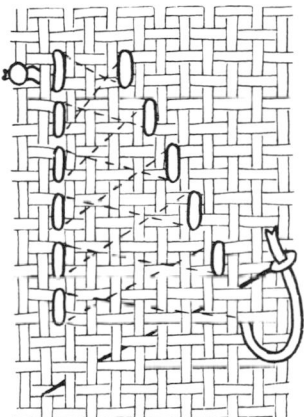

Diagram of Pulled Thread Design No. 24.

Tegning til sammentræksmønster nr. 24.

Sammentræksmønster nr. 24.
Skyggesyningstrekanterne udføres som på tegningen. Rækken,
der veksler med skyggesyningen, er en dobbelt lænkerække. For-
klaring på »lænken« findes på side 16 og 17, tegning 4a og b.

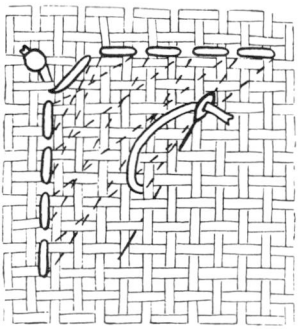

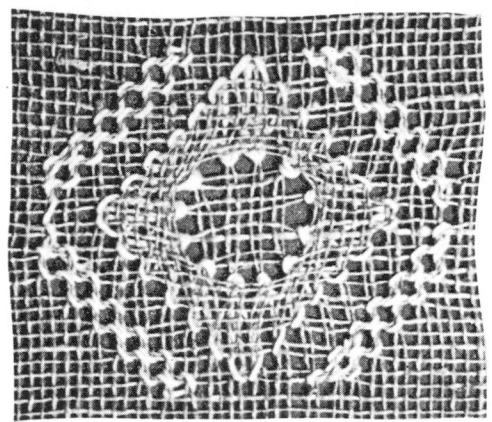

Pulled Thread Design No. 25.

First a square is made with Chained Border Stitch worked diagonally, thereafter the Double Back Stitch motif is worked in the middle of each s quare.

In order to place the many stitches roun d the outer edge of the square to correspond with the few that form the circle, the latter have to be sewn double or even treble. The diagram shows a quarter of the motif.

As the detail of the design shown in the photograph only shows a very small part of the squaring, it must be mentioned that the rows of Chained Border Stitch cross each other as indicated on diagram No. 27a, page 37.

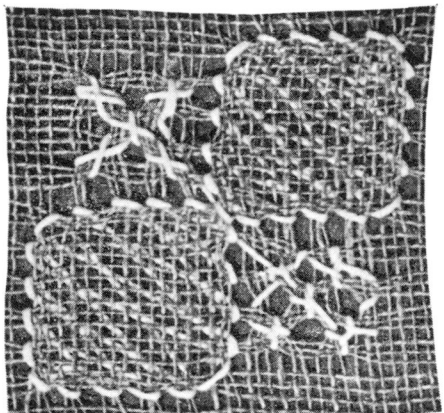

Pulled Thread Design No. 26.

The Double Back Stitch is worked in diagonal rows across the area to be covered, see diagram 26a.

In the intervening spaces Cross Stitch or Greek Cross Filling Stitch is made, also in diagonal rows, first in one direction with the second row across the first.

The first Double Back Stitch square is shown in diagram No. 26a. The procedure is the same as usual, but as the distance between the stitches in this instance is fairly large, the threads must be pulled together very carefully, otherwise the square will completely lose its shape.

In diagrams 26 b, c, d is shown the Cross Stitch group. The three first Cross Stitches are made as usual, i. e. all understitches first and thereafter all the overstitches. The needle is then guided to the fourth Cross Stitch, which is completed straight away. From this the needle is passed under the first row, and the fifth and last Cross Stitch is made with three stitches just like the first.

Diagram of Pulled Thread Design No. 25.

Tegning til sammentræksmønster nr. 25.

Sammentræksmønster nr. 25.
Først kvadreres bunden på skrå med »lænken«, derefter syes skyggesyningsmotivet i midten af hver firkant.
For at få de mange sting i den yderste kant til at følges med de få i cirklen må stingene i denne syes dobbelt eller tredobbelt.
Tegningen viser en fjerdedel af motivet.
Da mønsterdetaljen kun viser en meget lille del af kvadreringen, skal det bemærkes, at »lænke«-rækkerne krydser hinanden, som vist på tegning 27a, side 37.

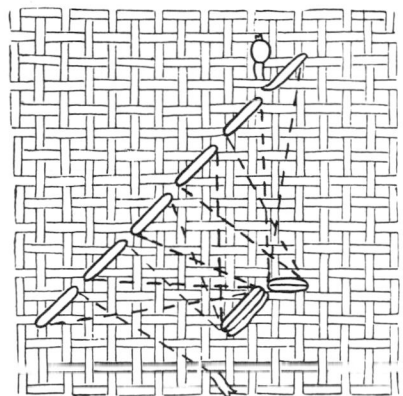

Diagrams for Pulled Thread Design No. 26

Tegninger til sammentræksmønster nr. 26.

Sammentræksmønster nr. 26.
Skyggesyningen syes i skrå rækker over den flade, der skal dækkes, tegning 26a.
I de mellemliggende rum syes kors- eller slyngesting også i skrå rækker, men på tværs af de første.
I tegning 26a er den første skyggesyningsfirkant vist. Frem-gangsmåden er den sædvanlige, men da afstanden mellem stin-gene her bliver ret stor, må sammentrækningen af trådene være meget forsigtig, da firkanten ellers helt mister sin form.
I tegning 26 b, c, d er korsstingsgruppen vist. De tre første korssting er syet som sædvanligt, d. v. s. alle understingene først og derefter alle overstingene. Nålen føres derefter frem til det fjerde korssting, der syes færdigt med det samme. Fra dette stik-kes nålen under første række, og det femte og sidste korssting syes med tre sting ligesom det første.

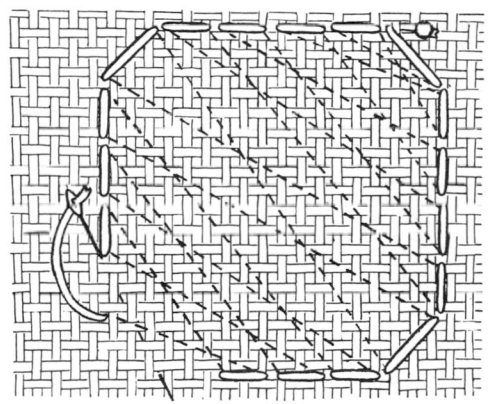

a

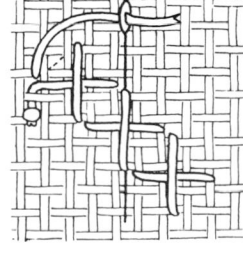

b

c

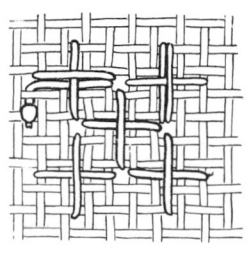

d

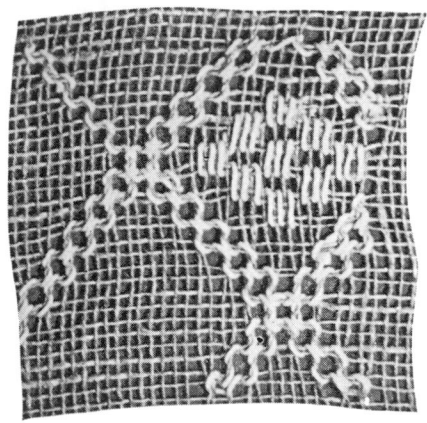

Pulled Thread Design No. 27.

Chained Border Stitch combined with "blocks" form this pattern. As the Chained Border Stitch has already been shown on pages **16–17**, diagrams 4 a and b, the diagram opposite merely shows how two rows cross each other.

The little group of "blocks" placed in the middle of each square is worked in diagonal rows as shown on diagram 27b.

Sammentræksmønster nr. 27.

»Lænken« i forbindelse med »pinde« danner dette mønster. Da »lænken« allerede er vist på side **16 og 17**, *tegn. 4 a og b, viser tegning 2 7 a kun, hvordan to rækker krydser hinanden.*

Den lille gruppe »pinde«, der er placeret midt i hver kvadrat, er syet i skrå rækker som på tegning 27 b.

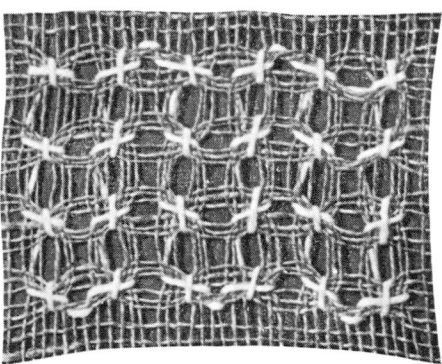

Pulled Thread Design No. 28.

Cross Stitch in vertical rows. NB. Begin with the horizontal stitch.

The diagram shows the transition from one row to the next, also the small stitch which is made to lead from the first to the second row and to the following rows.

Sammentrækssyning nr. 28.

Krydssting i lodrette rækker. NB: Der begyndes med det vand-rette sting!

Tegningen viser overgangen fra den ene række til den anden og den lille ændring, der er ved syningen af anden række.

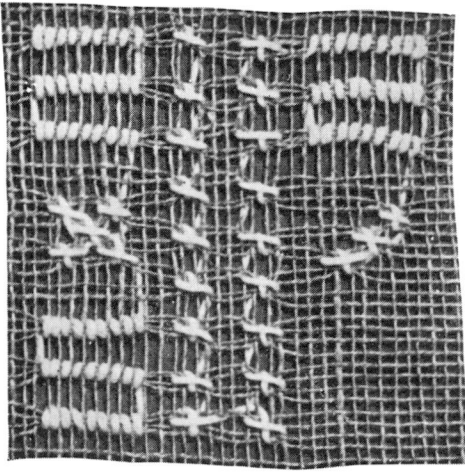

Pulled Thread Design No. 29.

Diagrams 29 b, c, d show how the little group of Cross Stitches is worked, which comes after the three "blocks". On diagram 29a is shown the Cross Stitch used for the long rows in the middle. NB. In these instances begin with the vertical stitch.

Sammentrækssyning nr. 29.

Tegning 29 b, c, d viser syningen af den lille gruppe kryds-sting, der følger efter de tre »pinde«, og på tegning 29 a ses kryds-stinget, der bruges til de lange midterrækker. NB. Her begyndes med det lodrette sting.

Diagrams of
Pulled Thread
Design No. 27.

*Tegninger til
sammentræks-
mønster nr. 27.*

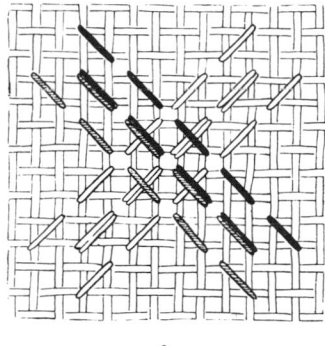

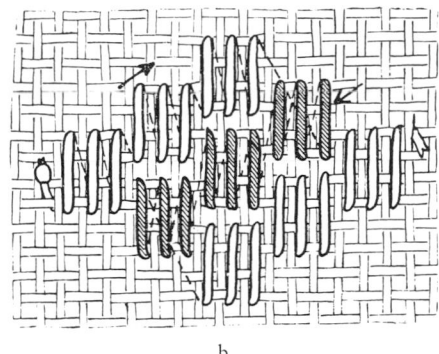

a

b

Diagram of Pulled Thread Design No. 28.

Tegning til sammentræksmønster nr. 28.

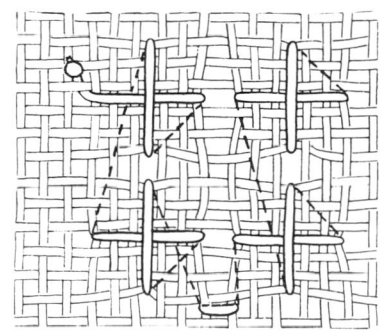

Diagrams of Pulled Thread Design No. 29.

Tegninger til sammentræksmønster nr. 29.

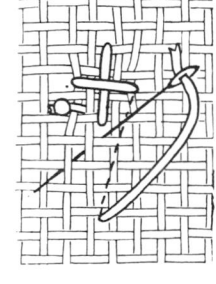

a

b

c

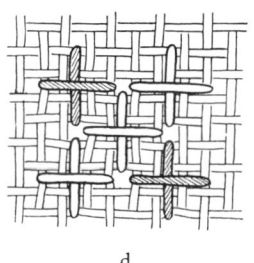

d

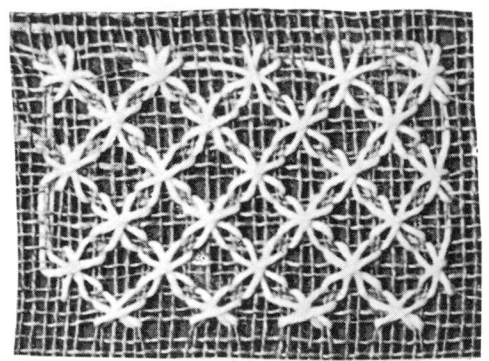

Pulled Thread Design No. 30 Chequer Filling Stitch.

The extended diagonal Cross Stitch forming this pattern is worked just like the ordinary Cross Stitch shown on page 41, diagram 34a, i.e. all the understitches are made first – from left to right – and thereafter all the overstitches as shown commenced on diagram 30a. From the beginning of the stitch count six threads to the right and two down, thereafter guide the thread diagonally under two threads and so on.

This pattern can be rather complicated to work. In order to obtain the correct stitch pattern there must be eight threads between the understitches or, in other words, between the first stitches in each row. The stitches should be pulled quite tight in order to make the pattern stand out clearly.

Diagram 30b shows the second diagonal row crossing the first.

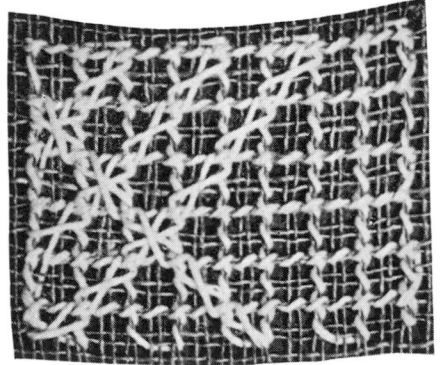

Pulled Thread Design No. 31.

The area to be covered is first divided up into squares by overcasting diagonally over two threads. The vertical rows are overcast first, then the horizontal ones. Where the rows cross each other a Cross Stitch forms by itself. Finally a network of diagonal Cross Stitch is worked over alternate squares in the same way as shown in No. 30.

Diagram of Pulled Thread Design No. 30.

Tegning af sammentræksmønster nr. 30.

Sammentræksmønster nr. 30.
Dette mønsters langstrakte korssting syes ligesom de almindelige korssting på side 41, tegning 34 a, d. v. s. alle understingene syes først – fra venstre mod højre – og derefter alle overstingene som vist på tegning 30 a. Fra stingets begyndelse tælles der seks tråde til højre og to tråde nedefter, derefter føres tråden på skrå under to tråde o. s. v.
For at få det noget drilagtige mønster til at »gå op« må der være otte tråde imellem understingene, d. v. s. mellem hver rækkes begyndelsessting. Stingene skal syes ret fast for at få mønsteret til at stå klart.
I tegning 30 b er den første tværgående række vist.

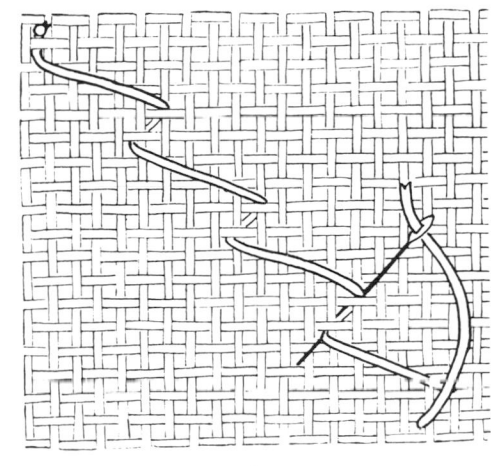

a

Diagram of Pulled Thread Design No. 30.

Tegning til sammentræksmønster nr. 30.

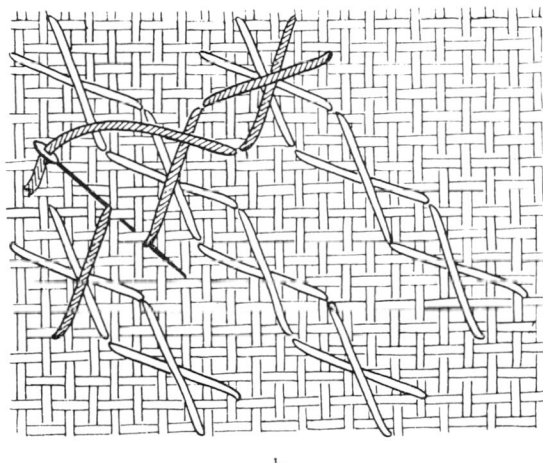

b

Diagram of Pulled Thread Design No. 31.

Tegning til sammentræksmønster nr. 31.

Sammentræksmønster nr. 31.
Bunden er først delt op i små kvadrater ved hjælp af kastning på skrå over to tråde. De lodrette rækker kastes først, dernæst de vandrette, og hvor rækkerne krydser hinanden, bliver der af sig selv et korssting. Tilsidst syes et net af dobbelte korssting over kvadraterne, svarende til det, der er gennemgået ovenfor i nr. 30.

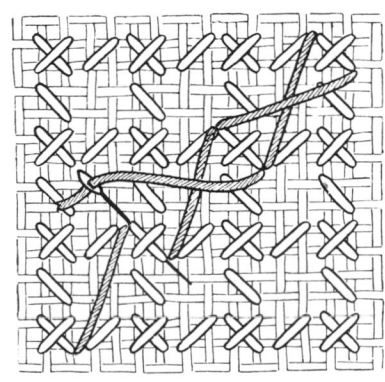

39

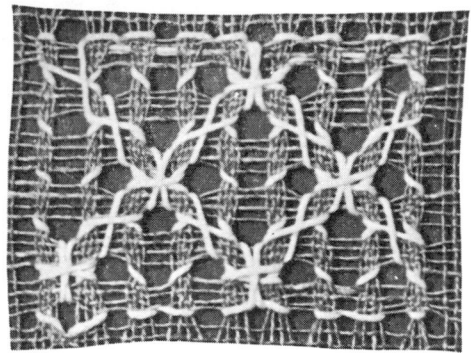

Pulled Thread Design No. 32.
Another variation with Cross Stitch.
The area to be covered is prepared with overcasting before commencing the Cross Stitch network. The network is composed of single diagonal Cross Stitch and double diagonal Cross Stitch where the rows intersect. NB. The diagram of this overcasting can appear a little misleading, but this is because the stitches have not been pulled tight.

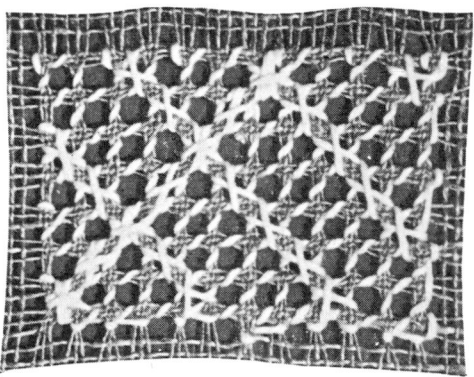

Pulled Thread Design No. 33.
The crossing network of diagonal Cross Stitch is worked over an area which has been pulled tight with Single Faggot Stitch, see diagram 5, page **17**.

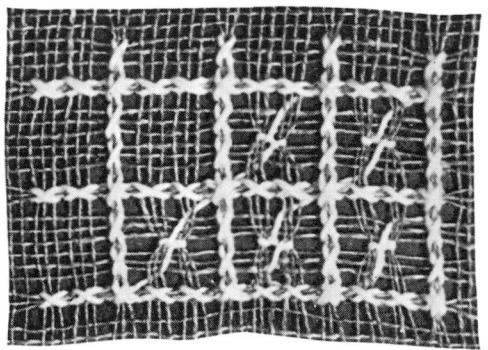

Pulled Thread Design No. 34.
The area to be covered is first divided up into squares by means of rows of Cross Stitch (34a). When all the rows going in the one direction have been worked, all those going in the other are made across the first, with the result that two Cross Stitches are formed one on top of the other at the intersection points. Finally the Greek Cross Filling Stitch is worked in diagonal rows, whereby the thread for the long transitional stitch on the reverse of the fabric can be passed through the Cross Stitch at the back of the work and is practically hidden by the cross in the rows of Cross Stitch.

Diagram of Pulled Thread Design No. 32.

Tegning til sammentræksmønster nr. 32.

Sammentrækssyning nr. 32.
Igen en variation med krydssting.
Bunden ordnes med en fast kastning, inden korsstingsnettet syes.
NB. Tegningen til denne kastning kan virke lidt misvisende,
fordi stingene ikke er strammet til.

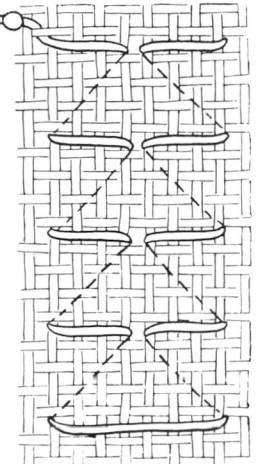

Diagram of Pulled Thread Design No. 33.

Tegning til sammentræksmønster nr. 33.

Sammentræksmønster nr. 33.
Det krydsende net af korssting ligger her over en bund, der er
strammet til med halve kvadratsting. (Se disse tegn. 5, side 17).

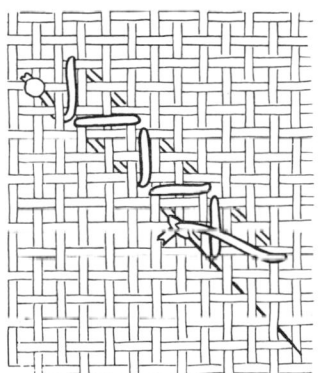

Diagram of Pulled Thread
Design No. 34.

Tegninger til sammentræks-
mønster nr. 34.

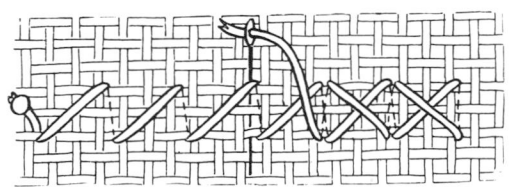

a

b

Sammentræksmønster nr. 34.
Bunden er først inddelt i kvadrater ved hjælp af korsstingsrækker (34a). Når alle rækker på
den ene led er syet, syes alle rækker på den anden led, tværs over disse, derved kommer der
til at ligge to korssting oven på hinanden i skæringspunkterne.
Tilsidst syes slyngestinget (34b) i skrå rækker, derved skjules det lange overgangssting på
vrangen næsten af krydset i korsstingsrækkerne.

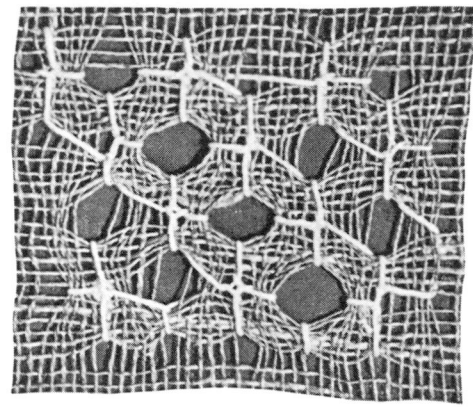

Pulled Thread Design No. 35.
Tight rows of Greek Cross Filling Stitch.
The Greek Cross Filling Stitch itself is explained in more detail on page 17, diagram 7.

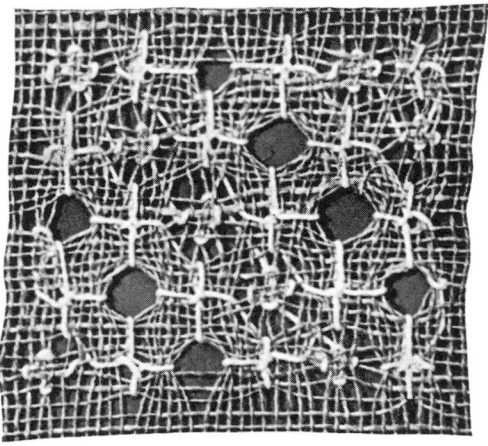

Pulled Thread Design No. 36.
The Greek Cross Filling Stitch in separated rows.
The intervening threads are thereafter pulled together with four small stitches, the sequence of which is indicated by the dotted line on the diagram.
NB. The four individual stitches forming the Greek Cross Filling Stitch in this pattern are of unequal length, as the two that lead towards the large holes are worked over six threads and the two others over four threads.

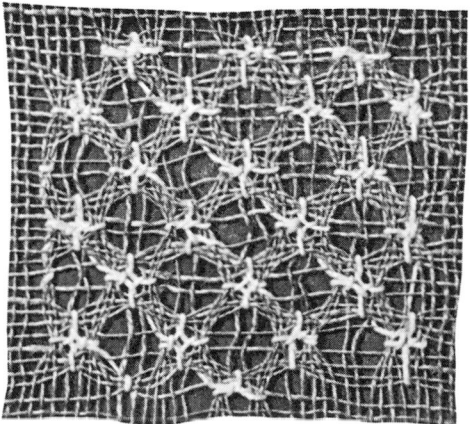

Pulled Thread Design No. 37.
Both the individual Greek Cross Filling Stitches and the rows in this pattern variation are slightly apart.
NB. The Greek Cross Filling Stitch used has one more loop than that shown above, in order to bring the thread back to the point for commencing the next stitch.

Diagram of Pulled Thread Design No. 35.

Tegning til sammentræksmønster nr. 35.

Sammentræksmønster nr. 35.
Slyngesting i tætliggende rækker.
Selve slyngestinget er nærmere forklaret på side 17, tegn. 7.

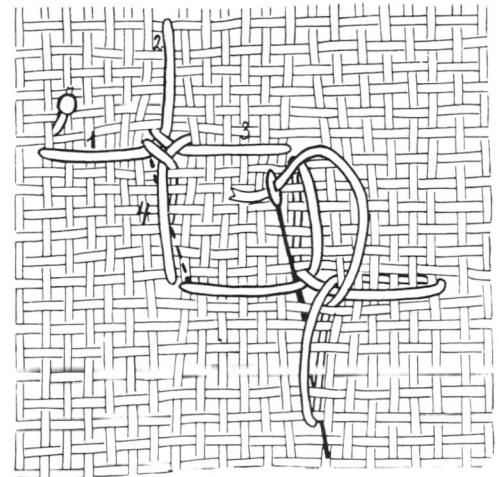

Diagram of Pulled Thread Design No. 36.

Tegning til sammentræksmønster nr. 36.

Sammentræksmønster nr. 36.
Slyngesting i adskilte rækker.
De mellemliggende tråde er bagefter trukket sammen med fire små sting, hvis rækkefølge er angivet ved hjælp af de punkterede linier.

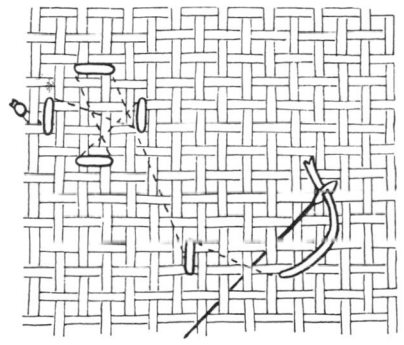

Diagram of Pulled Thread Design No. 37.

Tegning til sammentræksmønster nr. 37.

Sammentræksmønster nr. 37.
Både de enkelte slyngesting og rækkerne ligger i denne mønstervariation lidt fra hinanden.
NB: Det anvendte slyngesting har én slyngning mere end det ovenfor viste.

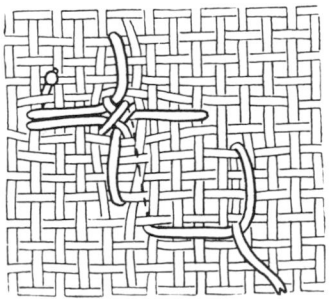

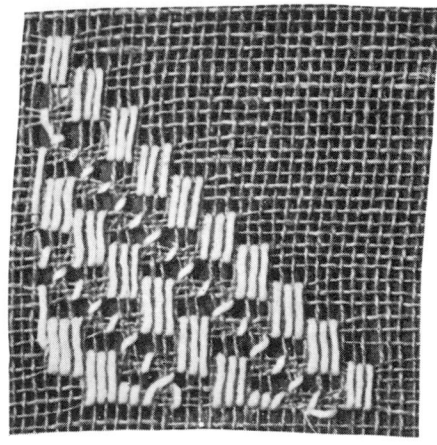

Pulled Thread Design No. 38.
The row with "blocks" and the row of Single Faggot Stitch are worked alternately.

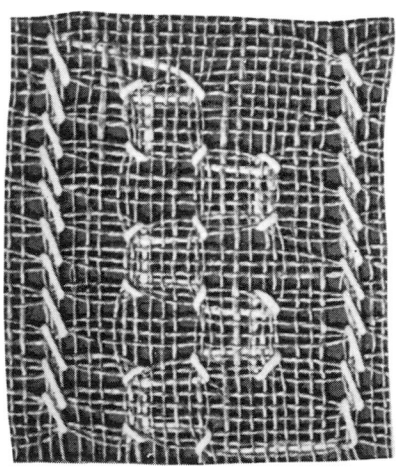

Pulled Thread Design No. 39.
The stitches to the left are worked as broad Stem Stitch, and from this row the work is carried over to the squares in the middle. This delicate pattern, which technically appears easy, can cause difficulties due to the way in which the stitches change direction. For this reason the path of the thread on the reverse side of the fabric has been drawn in on the diagram.

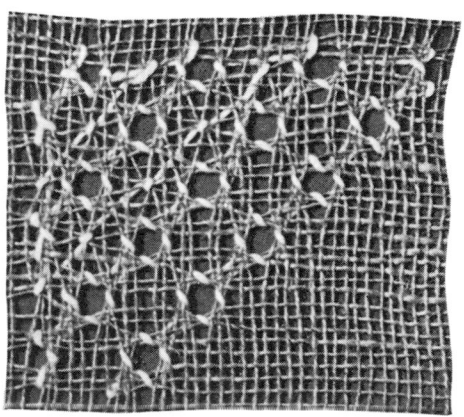

Pulled Thread Design No. 40.
This design shows up poorly on coarse fabric, but has a beautiful effect on fine. The procedure is simple: a double row of Single Faggot Stitch is made with four threads between, the latter then being gathered by a Back Stitch over two threads.

Diagram of Pulled Thread Design No. 38.

Tegning til sammentræksmønster nr. 38.

Sammentrækssyning nr. 38.
Rækken med »pinde« og rækken med de halve kvadrater syes
skiftevis.

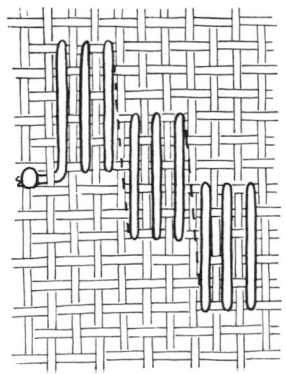

Diagram of Pulled Thread Design No. 39.

Tegning til sammentræksmønster nr. 39.

Sammentræksmønster nr. 39.
Stingene tilvenstre udføres som brede kontursting, og fra denne
række fortsættes der til firkanterne i midten. Tegn. 39.
Det spinkle mønster, der teknisk ser så let ud, overrasker en med
sin skiftende stingretning, derfor er tråden her tegnet med på
vrangen.

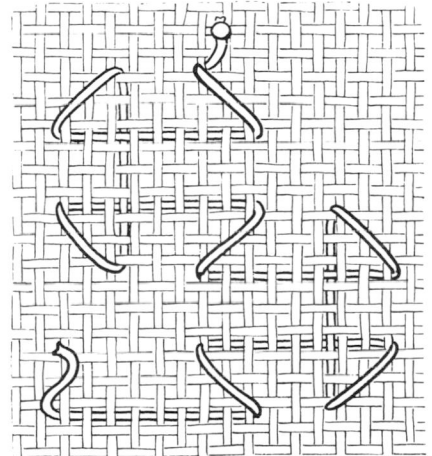

Diagram of Pulled Thread Design No. 40.

Tegning til sammentræksmønster nr. 40.

Sammentræksmønster nr. 40.
Dette mønster ødelægges i groft stof, men i fint virker det smukt.
Fremgangsmåden er enkel: :ned fire trådes afstand syes en dobbelt
række trækkesting, derefter samles trådene imellem disse med et
bagsting over to tråde. Tegn. 40.

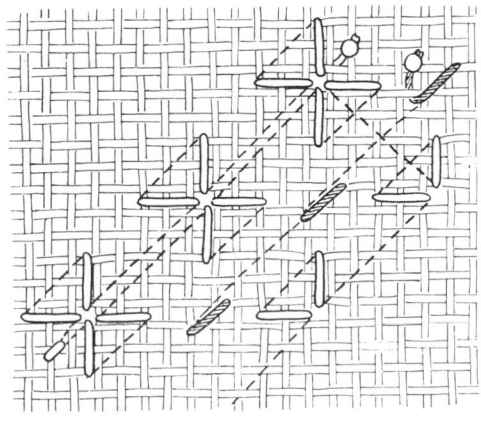

45

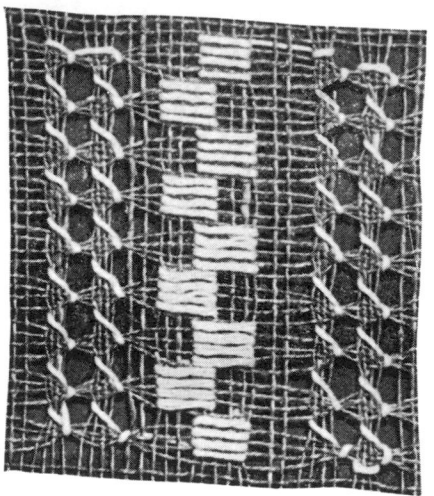

Pulled Thread Design No. 41.

In this pattern the "blocks" are worked first and thereafter the Hemstitch-like borders. It is easiest to work all the "Hemstitches" in the same direction as shown on diagram 41 b.

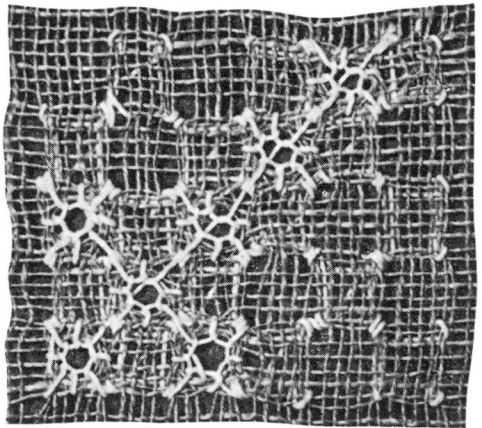

Pulled Thread Design No. 42.

As will be apparent from the explanations of some of the previous designs, a number of patterns are not worked completely at the beginning; instead, the area to be covered is first divided up, often into squares, and thereafter filled with different stitches. This is also the case here. The fabric is divided up as shown on diagram 42a by a squared ground stitch and is thereafter completed with stitches, diagram 42 b. Begin at the bead (42 a), making the first stitch diagonally across two threads. Next pass the needle under eight threads of the fabric to the next stitch. From here go vertically downwards to the third stitch and then again under eight threads to the right in order to make the fourth stitch. From here the thread is taken up to the fifth stitch, which is made next to the starting stitch. From this stitch continue the embroidery with a long stitch on the reverse side down to the next square.

The pattern is completed with a Greek Cross Filling Stitch hole, diagram 42 b, in the empty intervening spaces. The Greek Cross Filling Stitch in this case has been made working towards the left, but the opposite direction is more usually worked (like Blanket Stitch) and can also be done here.

Diagrams of Pulled Thread Design No. 41.

Tegninger til sammentræksmønster nr. 41.

Sammentræksmønster nr. 41.
I dette mønster tages »pindene« først og derefter de hulsømsagtige borter udenom. Det er lettest at sy alle »hulsømmene« i samme retning, ligesom på tegningen, 41 b.

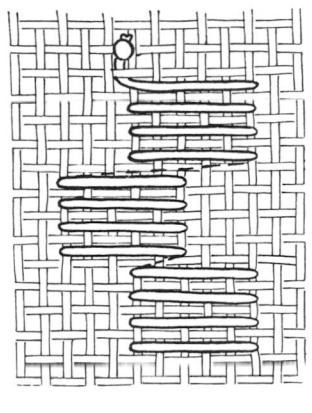 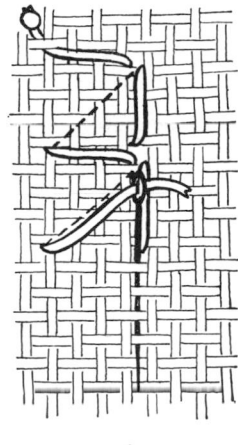

a

b

Diagrams of Pulled Thread Design No. 42.

Tegninger til sammentræksmønster nr. 42.

Sammentræksmønster nr. 42.
Som det fremgår af mønsterforklaringerne, bliver en del møn-stre ikke straks syet færdige, men først inddelt, ofte i kvadrater, og derefter udfyldt på anden måde.
Det gælder også dette eksempel. Stoffet inddeles som på tegn. 42a og fuldendes derefter med en tungestingssyning, tegn. 42 b. Der begyndes ved perlen med det første sting på skrå over to tråde, derfra føres nålen under otte tråde i stoffet frem til det andet sting, herfra lodret ned til det tredie sting og igen hen under otte tråde tilhøjre for at tage det fjerde sting. Herfra føres tråden op til det femte sting, der syes ved siden af begyndelses-stinget. Fra dette sting fortsætter syningen med et langt vrang-sting ned til den næste firkant.
Mønstret fuldendes med et tungestingshul, tegning 42 b, i de tomme mellemrum.
Tungestingene syes her mod venstre, men det modsatte og mere sædvanlige kan også gøres.

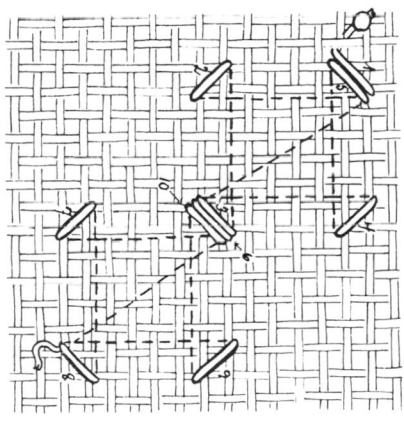

a

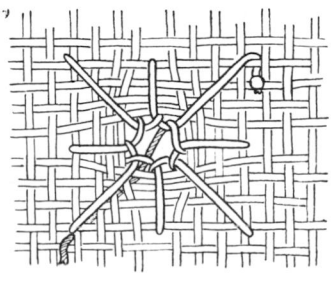

b

47

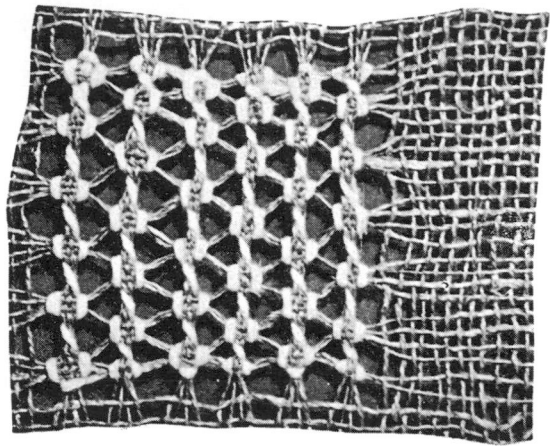

Pulled Thread Design No. 43.
This pattern is formed by Four-sided Stitch in vertical rows, but every alternate row begins, as shown on the diagram, with a half stitch, whereby the intervening threads are pulled diagonally, giving the pattern a Hemstitch-like appearance.

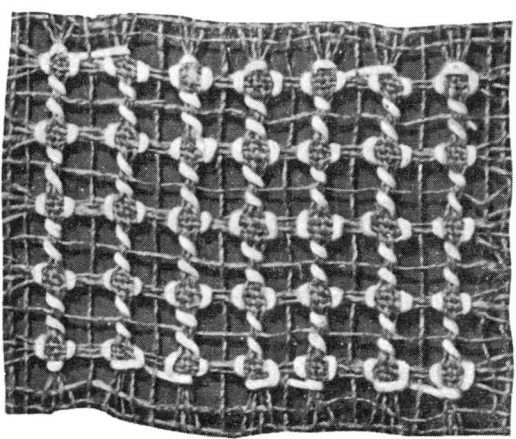

Pulled Thread Design No. 44.
In this pattern too, the Four-sided Stitches are worked singly in vertical rows, but the individual stitches and rows are this time separated by a single thread. The embroidery must be turned round for each row.

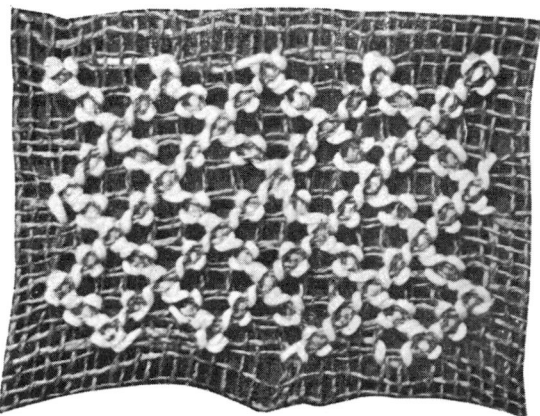

Pulled Thread Design No. 45.
This pattern is formed by Four-sided Stitch worked diagonally over the threads in crossing rows.
Diagram 45a shows the working of a single row of stitches, and diagram 45b shows how the embroidery is continued at a point of intersection.

Diagram of Pulled Thread Design No. 43.

Tegning til sammentræksmønster nr. 43.

Sammentræksmønster nr. 43.
Denne bund er også dannet af kvadratsting i lodrette rækker, men hveranden begynder, som vist på tegningen, med et halvt sting, derved trækkes de mellemliggende tråde skråt og giver mønsteret et hulsømsagtigt udseende.

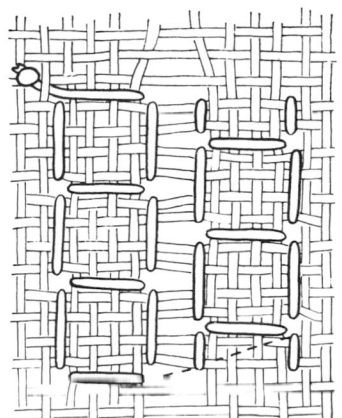

Diagram of Pulled Thread Design No. 44.

Tegning til sammentrækssyning nr. 44.

Kvadratstingene i dette mønster syes ligeledes i lodrette rækker, men de enkelte sting og rækkerne er denne gang adskilt med een tråd. Sytøjet vendes for hver række.

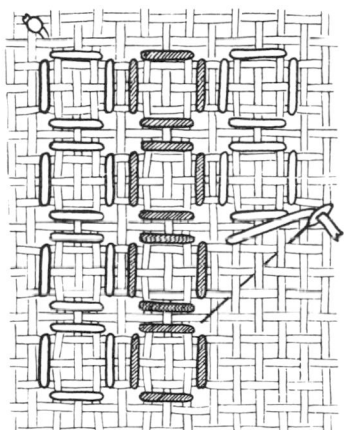

Diagrams of Pulled Thread Design No. 45.

Tegning til sammentræksmønster nr. 45.

Denne bund er dannet af kvadratsting i skrå, krydsende rækker.
Tegning a viser syningen af en enkelt række sting, og tegning b viser, hvordan man fortsætter syningen ved et skæringspunkt.

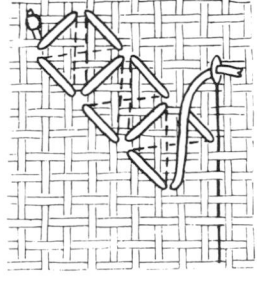 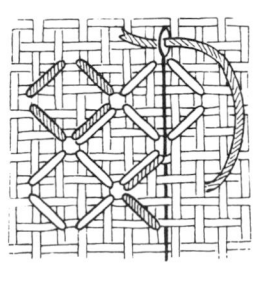

a
b

With the exception of the Swedish examples on pages 7 and 8, the samplers and items of embroidered lace shown in this section are the property of the Industrial Arts & Crafts Museum in Copenhagen.

ESTHER FANGEL

Med undtagelse af de svenske eksempler på side 7 og 8 tilhører de i hæftet viste kniplinger og læreklude Kunstindustrimuseet, København.

ESTHER FANGEL

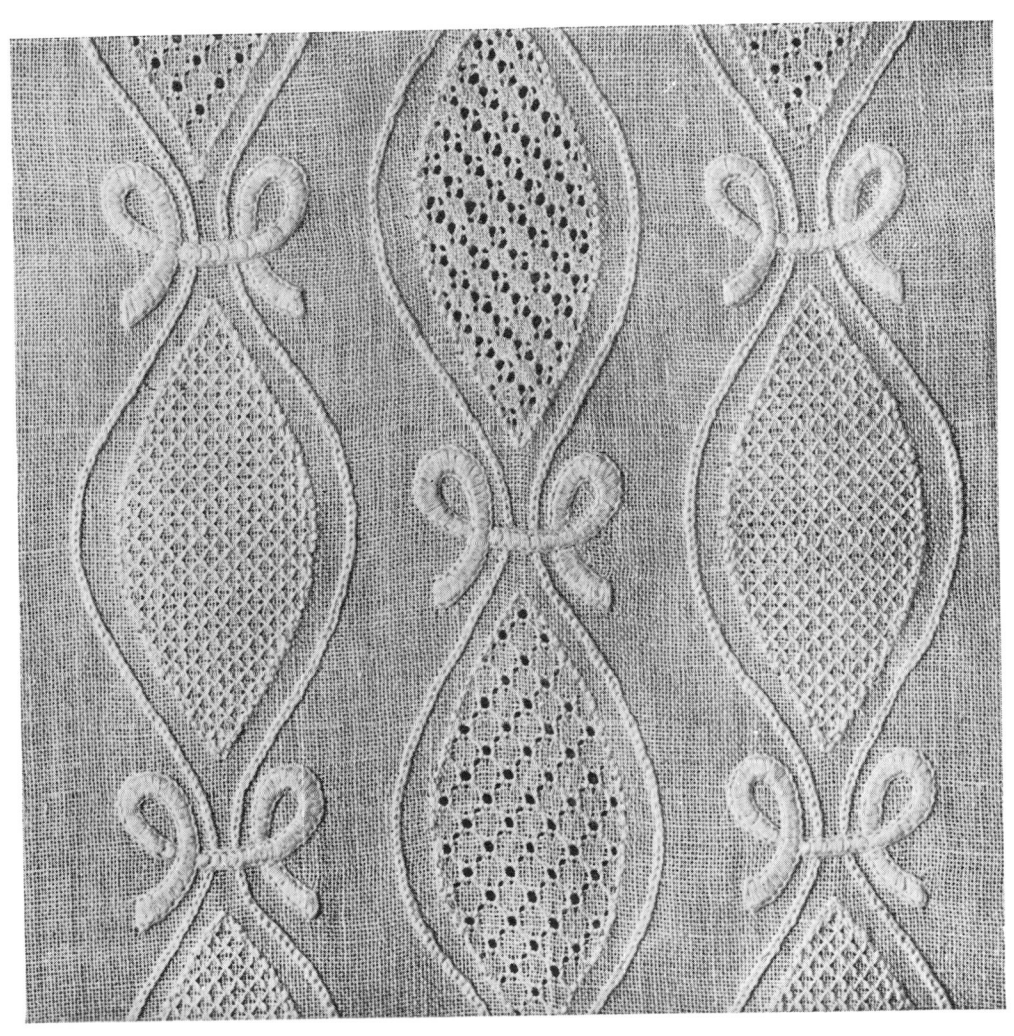

PART II

MODERN DESIGNS/NYE MØNSTRE

BY/AF

Esther Fangel, Ida Winckler, Agnete Wuldem Madsen

Model no. 1. Tray Cloth / *Bakkeserviet*

A few introductory observations

The modern designs in this section have for the most part been based on the 18th century designs shown in the previous section.

After experimenting with various kinds of linen fabrics, four suitable qualities of open weave and varying fineness have been selected, which allow full justice to be done to the special technique employed in pulled thread work. The majority of the models in this section have been worked on these fabrics. As some of the models have been photographed complete and as others are shown by the enlargement of a section, it is not possible to tell from the illustrations whether the ground fabric is coarse or fine. For this reason reference is made in the case of each model to one of the fabric samples reproduced full size on page 100.

As much information as possible has been included in this section, likewise many diagrams and photographs of enlarged details. Therefore it is felt that together with the previous section, it should prove of great assistance to teachers of needlework in schools, and also be a practical handbook for all those interested in pulled thread work. While discovering new ways of applying the beautiful, traditional lace embroidery techniques, an attempt has also been made to retain the original idea behind this form of needlework, namely that of transforming a piece of fabric into "lace".

In order that these pulled thread work designs may stand out as clearly and lace-like as possible, particularly when using the most finely woven linen, the ground fabric should preferably be stretched during the embroidery on a small ring-frame. In the beginning it may be a little difficult to get used to one of these frames, but the advantages will soon be apparent. Apart from anything else, one is spared the tiring task of stretching the fabric with the left hand. However, it must be mentioned, as a consolation to those who cannot accustom themselves to using one of these little frames, that pulled thread work can also be worked without it.

Nogle indledende bemærkninger

Seriens tredie hæfte »Sammentrækssyning nye mønstre« føjer sig nøje til det tidligere udkomne hæfte om sammentrækssyning, idet de nye modeller fortrinsvis er komponeret over dette hæftes gamle mønstre.

Gennem forsøg har man fundet frem til fire åbentvævede og egnede hørstoffer af forskellig finhed, der lader sammentrækssyningens særlige teknik komme til sin ret, og på disse stoffer er størsteparten af bogens modeller udført. Da modellerne dels er fotograferet i deres helhed, dels forsynet med detaillefotografier, er det ikke muligt gennem billedmaterialet at afgøre, om bundstoffet er groft eller fint, derfor henvises der ved hver model til side 100, hvor en prøve af de fire stoffer er gengivet i naturlig størrelse.

Bogen er, så vidt det har været muligt, lagt til rette med så mange oplysninger, tegninger og detaille-fotografier, at den sammen med sin førstedel skulle kunne blive en støtte for håndarbejdslærerinden i aften- og ungdomsskolearbejdet og desuden brugbar for enhver interesseret, der har lyst til at prøve selv. Under arbejdet med at finde frem til en fornyelse af det smukke gamle kniplings-broderi, har man hele tiden søgt at fastholde syningens oprindelige idé, der gik ud på at omdanne et stykke stof til en »knipling«.

For at få sammentræksmønstrene til at stå så klart og kniplingsagtigt som muligt, det gælder især det fintrådede stof, skal stoffet under syningen helst være udspændt i en såkaldt syring, der kendes fra symaskinens tilbehør. Det kan i begyndelsen være lidt besværligt at vænne sig til den, men fordelene viser sig hurtigt, bl. a. sparer man den trættende udspænding af stoffet med venstre hånd.

Som en trøst til den, der ikke kan vænne sig til den lille tingest, skal det dog siges, at sammentrækssyning også kan udføres uden denne.

Seriens tredie bog er blevet til gennem et samarbejde mellem følgende medarbejdere i »Selskabet til Haandarbejdets Fremme«: Esther Fangel, Elisabeth Jensen, Ida Winckler og Agnete Wuldem Madsen.

Selskabets formand fru Gertie Wandel bringes hermed en tak for sin inspirerende støtte under arbejdet med fornyelsen af det smukke gamle kniplingsbroderi.

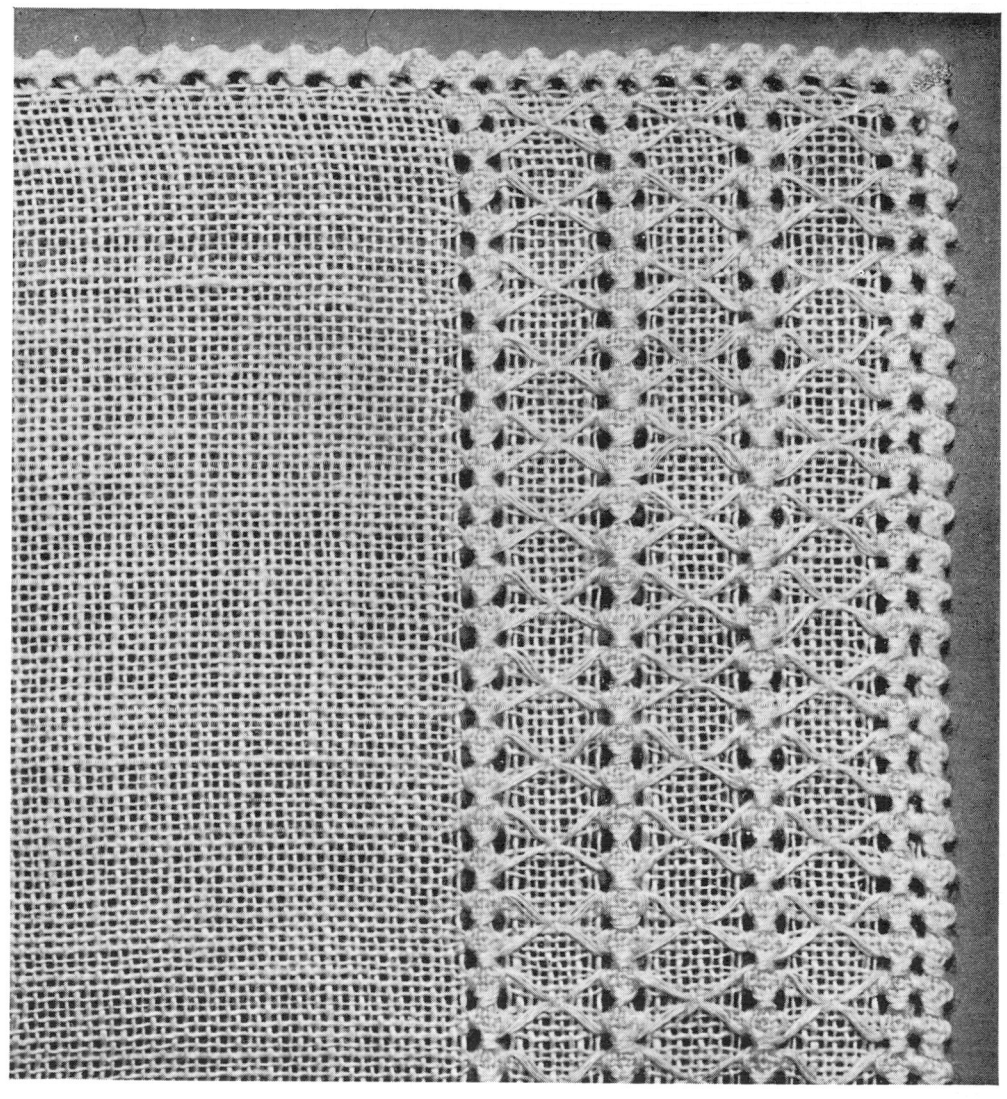

Model no. 1. Tray Cloth, detail / *Bakkeserviet. Detaille*

Width: 13¹/₂″. Length: 20″. Fabric: type C. Pulled Thread Work Design: No. 14, page **26, section 1**. Edging: Squared Edging Stitch, see page **56**, 2a, b, c, d. For the whole tray cloth, use 3 strands of stranded Cotton throughout.

*Bredde: 34 cm. Længde: 49 cm. Stof: type C. Mønstersyning nr. 14, side **26, hefte 1**. Kant: kvadratkant, forklaret side **56**.
Til hele servietten bruges tre tråde af den flertrådede hør.*

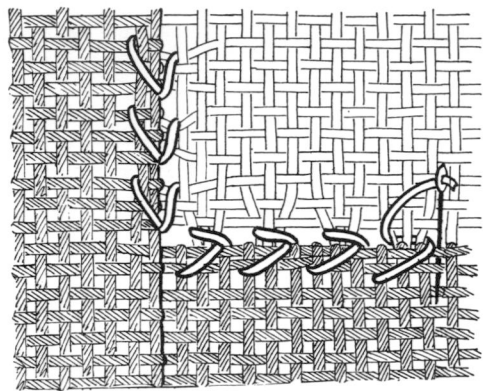

Antique Hem Stitch.

This stitch is worked without drawing out any threads, and is used only for hems. In diagram No. 1, the hem is shaded. The starting thread begins two threads down from the inner edge of the hem, on the wrong side of fabric. The needle is then passed under three threads in the single layer of fabric and back into the edge of the hem. NB. The small vertical stitch made behind the hem should not be visible on the right side of the fabric.

Stikhulsøm.

Syes på samme måde som den mere kendte stanghulsøm, men uden trådudtrækning. Stikhulsømmen bruges i forbindelse med en søm. Tegn. 1, sømmen er betegnet med skravering. Begyndelsestråden kommer frem i sømkanten, to tråde inde, nålen føres derefter ind under tre tråde i det enkelte stoflag og tilbage i sømkanten. NB: det lille nap i sømmen må ikke kunne ses på retsiden.

I

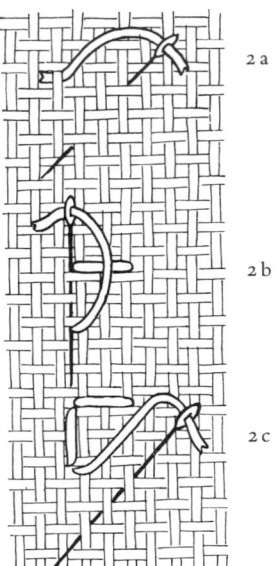

2 a

2 b

2 c

Squared Edging Stitch.

On the edge of the finished article, leaving a margin to be turned under later, a row of half Four-sided Stitch is made, as shown on diagrams 2 a, b, c, the whole way round. Next, the fabric is folded under at the edge along the outer row of stitches of the Squared Edging Stitch but only along one side at a time. Next, another row of half Four-sided Stitch is made round the folded-over edge, through both layers of fabric, but the vertical stitches, which this time appear on the opposite side, are stitched twice in order to make the holes clear. On diagram 2d the stitches of the second row have been shaded.

Kvadratkant.

I kanten af den færdige serviet o.l. syes først en række halve kvadratsting, som vist på tegning 2 a, b, c, hele vejen rundt, derefter bøjes stoffet om i kanten langs kvadratsyningens yderste række sting, men kun på én side ad gangen, derefter syes der igen en række halve kvadratsting rundt om den ombøjede kant, igennem begge stoflag, men det lodrette sting, der denne gang ligger til den modsatte side, syes to gange for at få hullerne klare. På tegning d er anden rækkes sting skraveret.

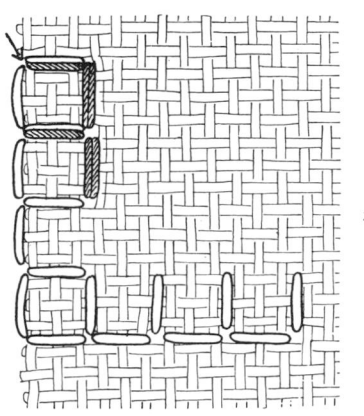

2 d

On account of the corners, the second row of Four-sided Stitch is commenced two or three stitches from the corner and ends an equal number of stitches from the next corner. The frayed ends are cut away along the completed side, the next side is folded over and the squared edging is continued. In this way the two last stitches on the first side are made through the folded edge of the second side, thereby preventing the corner threads from fraying out.

Af hensyn til hjørnerne begynder man anden kvadratstingsrække to til tre sting fra hjørnet og standser et lignende antal sting fra det næste hjørne, trevlen klippes bort langs den færdige side, næste side bøjes om, og kvadratsyningen fortsættes, derved bliver de to sidste sting på den første side syet igennem anden sides ombøjede kant, og det forhindrer hjørnet i at trevle ud.

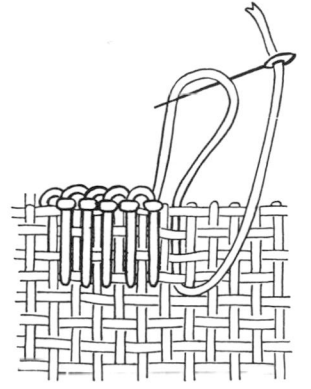

Hedebo Buttonhole Stitch is made as shown here on diagram 3. This stitch is made from the top downwards in the reverse method from the ordinary Buttonhole Stitch. After the thread is passed through the loop as shown, the working thread is pulled upwards.

Almindelige knaphulssting syes, som vist på tegning 3.

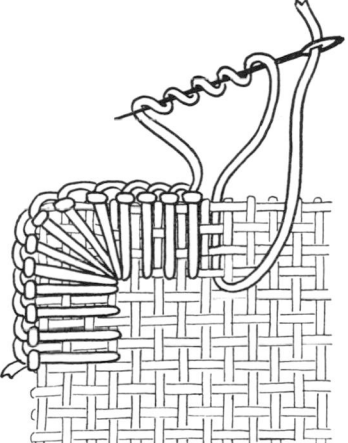

Hedebo Buttonhole Edging with Picot.
The frayed edge is folded under on to the reverse side. Over the folded edge Hedebo Buttonhole Stitch is sewn, with the addition however, at regular intervals, e.g. about $1/_2''$, of a picot. The width of the Buttonhole Stitch Edging can naturally be varied, but wherever it has been used in this section, it is always the same width as indicated on the diagram. The picot knot is formed, as shown on diagram 4a, where a Buttonhole Stitch begins, but instead of passing the needle through the loop, it is turned four or five times round the thread, which during the process is held tight by the fingers of the left hand. The needle is then pulled through and the picot placed in position.

Knaphulskant med picot.
Trevlekanten bøjes om til vrangen, og over den ombøjede kant syes almindelige knaphulssting, hvor der med regelmæssige mellemrum, f.eks. på én cm, er syet en picot. Bredden på knaphulskanten kan naturligvis varieres, men hvor den i denne bog er anvendt, er den altid i den på tegningen angivne bredde. Picotknuden dannes, som vist på tegn. 4a, hvor begyndelsen til et knaphulssting er syet, men i stedet for at føre nålen igennem løkken, drejes den 4-5 gange rundt om tråden, der under drejningen holdes udspilet af venstre hånds fingre, nålen trækkes igennem, og picoten lirkes på plads.

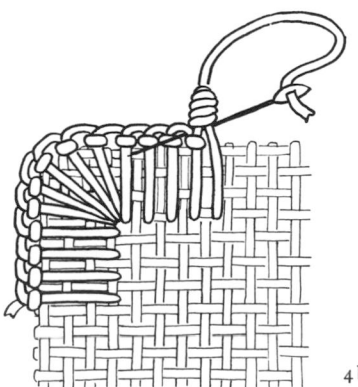

Diagram 4b. When the little knot is in place, the needle is pushed in behind it, in under the chain edging, and the Buttonhole Stitching is continued. In order to turn the corner, three or four stitches are made through the same hole, as shown on the diagram.

Tegn. b. Når den lille knude er på plads, stikkes nålen bag om denne, ind under lænkekanten, og derefter fortsættes der med knaphulsstingene. I hjørnet drejes, som vist på tegningen.

Models nos. 2 and 3. Tray Cloths / *Bakkeservietter*

Model no. 2.

Width: 15″. Length: 20¹/₂″. Fabric: type C.

The needlework pattern on the tray cloth on the left side begins with a line of Satin Stitch worked over four threads. The "Blocks" between the lines are made with twisted embroidery thread No. 12. The "Blocks" are made in two zig-zag lines of Satin Stitch (2 sts over 4 threads in each block), which together form a row of diamonds joining corner to corner. At the edge the fabric is folded over, four threads beyond where the pattern ends, and the tray cloth is finished off with a row of Hedebo Buttonhole Stitch, worked over the folded edge. See page 57, Diagram 3. For the Satin Stitch "lines" and the edging Coton à Broder No. 30 is used.

Bredde: 37 cm. Længde: 51 cm. Stof: type C.

Mønstersyningen på servietten længst tilvenstre begynder med en række »pinde«, syet over fire tråde. De dobbelte bagsting eller stikkesting imellem »pindene« syes med snoet broderegarn nr. 12. Bagstingene udføres i to siksak-linier, der tilsammen danner en række firkanter på spids. I kanten bøjes stoffet om, fire tråde uden for mønstersyningen, og servietten afsluttes med en række knaphulssting, syet over den ombøjede kant. Se side 57, tegn. 3. Til »pinde« og kant bruges hørtråd nr. 40.

Model no. 3.

Width: 14 . Length: 20″. Fabric: type B.

The "lines" along the edge of the tray cloth are worked over four threads of the ground fabric with Coton à Broder No. 30. The simple design is finished off at the edge with Hedebo Buttonhole Stitch Edging with picot. See page 57, diagrams 4a, b. Coton à Broder No. 25 is used for the edging.

Bredde: 35 cm. Længde: 50 cm. Stof: type B.

»Pindene« langs serviettens kant er syet over fire tråde i bundstoffet. Hørtråd nr. 40. Den enkle serviet er i kanten afsluttet med en knaphulskant med picot. Se side 57. Hørtråd nr. 35.

Model no. 4.

Width: 13¹/₄″. Length: 17¹/₂″. Fabric: type B.

Pulled Thread Design No. 22, page **32, Section 1.** Coton à Broder No. 30 for the Satin Stitch "lines" and two strands of Stranded Cotton for the Double Back Stitch. Edging: Squared Edging Stitch. See page 56.

Bredde: 33 cm. Længde: 44 cm. Stof: type B.

Mønstersyning nr. 22, side 32, bog 1. Hørtråd nr. 40 til »pindene« og tre tråde af den flertrådede hør til »skyggesyningen«. Kant: kvadratkant. Side 56.

Model no. 5.

Width: 13³/₄″. Length: 18″. Fabric: type B.

Pulled Thread Design No. 23, page **32, Section 1.** Coton à Broder No. 30 for the Satin Stitch "lines" and two strands of Stranded Cotton for the Double Back Stitch. Edging: Squared Edging Stitch. See page 56.

Bredde: 33¹/₂ cm. Længde: 45 cm. Stof: type B.

Mønstersyning nr. 23, side 32, bog 1. Hørtråd nr. 40 til »pindene« og tre tråde af den flertrådede hør til skyggesyningen. Kant: kvadratkant. Side 56.

Models nos. 4 and 5. Table Mats / *Dækkeservietter*

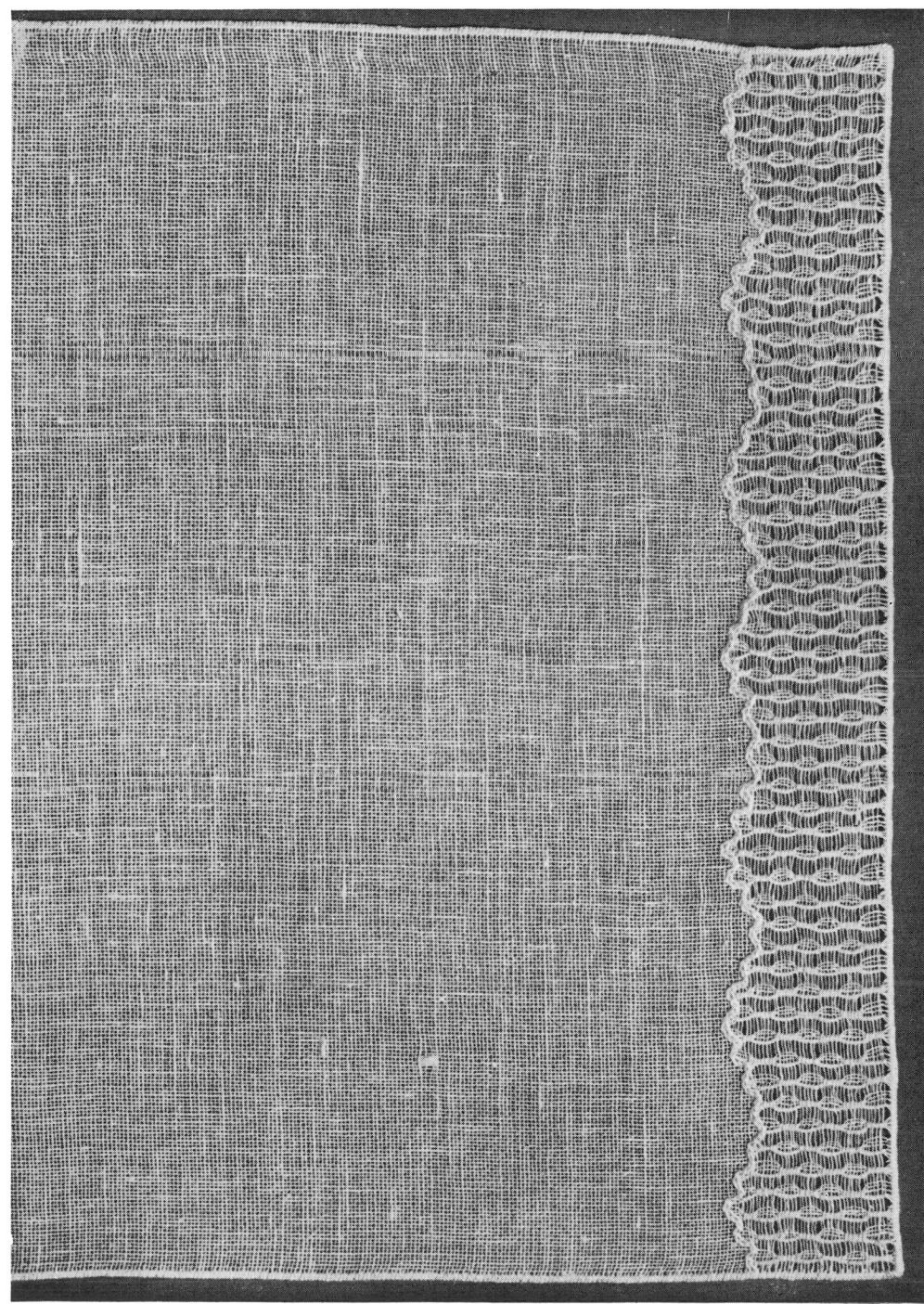

Model no. 6. Table Mat / *Dækkeserviet*

Model no. 6.

Width: $13^1/_4''$. Length: $18''$. Fabric: type B.
Pulled Thread Design No. 1, page **18, Section 1.** The wavy line, which is drawn in first, is worked in ordinary Chain Stitch, for which two strands of Stranded Cotton are used.

NB. The pattern should be worked as close up to the Chain Stitch row as possible, and a stitch is made under it, on the reverse, each time a turn is made into a new row of the pattern.

With this and the two other corresponding table mats, the use of the ring frame previously mentioned is almost indispensable if the result is to be satisfactory.

Edging: Hedebo Buttonhole Stitch, explained on page **57,** using Coton à Broder No. 25.

If one compares the border of the mat with the instructional diagram it will be seen that a little alteration has taken place in that one of the small "Blocks" has been left out. The design thereby becomes a little smoother and quicker to do.

Bredde: 33 cm. Længde: 45 cm. Stof: type B.
Mønstersyning nr. 1, side 18, bog 1. Den påtegnede bølgelinie er syet med almindelige kædesting, og dertil er brugt tre tråde af den flertrådede hør.

NB: Mønstersyningen skal føres så tæt ind til kædestingsrækken, som det er muligt, og der tages ind under et sting på vrangen, hver gang der vendes med en mønsterrække.

Ved denne serviet og de to tilsvarende er den lille, tidligere omtalte syring næsten en nødvendighed, hvis resultatet skal blive tilfredsstillende.

Kant: knaphulskant, forklaret side 57. Hørtråd nr. 35.

Ved at sammenligne serviettens bort med den vejledende tegning, vil man se, at der er sket en lille ændring, idet den ene af de små »pinde« er udeladt. Mønstersyningen bliver derved lidt smidigere og hurtigere.

Model no. 7.

Size and fabric as for No. 6.
The design consists, as shown on the photograph, of Satin Stitch "lines", see diagrams 1 a, b, page **15,** Section 1, and of pattern rows as shown on diagram 28, page **36, Section 1.**

Størrelse, stof m.m. er som ovenfor nævnt.
Mønstersyningen består, som det fremgår af billedet, af »pinde«, se tegning 1 a, b, side 15, bog 1, og af mønster-rækker, syet som vist på tegning 28, side 36.

Model no. 8.

Pulled Thread Design No. 16, page **28, Section 1.** Size and fabric as for Model No. 6.

Mønstersyning nr. 16, side 28, bog 1. Størrelse, stof m.m. som ved model nr. 6.

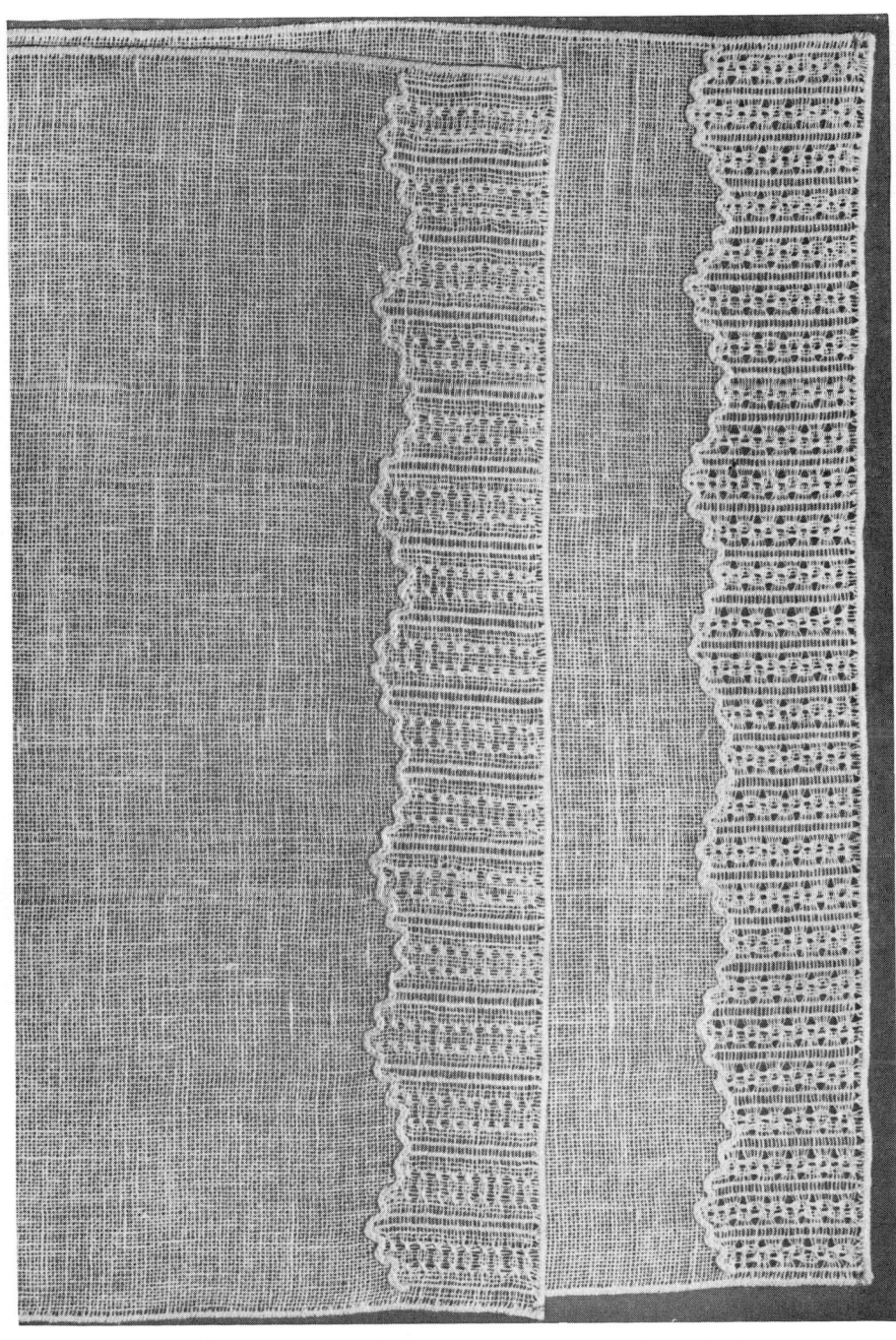

Models nos. 7 and 8. Table Mats / *Dækkeservietter*

Model no. 9. Doily / *Mellemlægsserviet*

Size: 6″ + 6″. Fabric. Type B.

Pulled Thread Design No. 15, page **26, Section 1.** Coton à Broder No. 18.

Round the edge of the pattern in the centre, on this doily and the five following models, is a small scalloped outline worked in Hedebo Buttonhole Stitch, see diagram page **73.** Two strands of Stranded Cotton are used for these. It is best to draw the border first, but in order to get the pattern to "work out", it is necessary to check beforehand that the number of threads within the drawn line is correct. If not, the scalloping can be displaced a thread or two, either outwards or inwards.

Edging: Squared Edging Stitch, see page **56.** Use Coton à Broder No. 30 for the edging.

Størrelse: 15 × 15 cm. Stof: type B.

*Mønstersyning nr. 15, side **26, bog 1.** Hørtråd nr. 25. Uden om mønsteret i midten, på denne serviet og de fem følgende, syes små halve tungestingshjul. Tegning side **73.** Der bruges to tråde af den flertrådede hør til disse. Det er bedst at sy den påtegnede kant først for at have noget at hæfte i, når der skal drejes fra den ene mønsterrække til den anden, men for at få mønstersyningen til at »gå op«, må man i forvejen undersøge, om antallet af tråde inden for påtegningen passer, hvis det ikke er tilfældet, kan tungestingssyningen flyttes en tråd eller to, udefter eller indefter. Kant: kvadratkant, s. **56.** Hørtråd nr. 40.*

Model no. 10. Doily / *Mellemlægsserviet*

Pulled Thread Design No. 3, page **18, Section 1.**   Coton à Broder No. 25.   Otherwise as for No. 9.

*Mønstersyning nr. 3, side **18, bog 1.**   Hørtråd nr. 35.   Øvrige Oplysninger som ved model nr. 9.*

Model no. 11. Doily / *Mellemlægsserviet*

Pulled Thread Design No. 10, page **24, Section** 1. Coton à Broder No. 18. Otherwise as for Model No. 9.

*Mønstersyning nr. 10, side **24**, bog **1**. Hørtråd nr. 25. Øvrige oplysninger som ved model nr. 9.*

Model no. 12. Doily / *Melkemlægsserviet*

Pulled Thread Design No. 11, page **24, Section 1.** Coton à Broder No. 18. Otherwise as for Model No. 9.

*Mønstersyning nr. 11, side **24, bog 1.** Hørtråd nr. 25. Øvrige oplysninger som ved model nr. 9.*

Model no. 13. Doily / *Mellemlægsserviet*

Pulled Thread Design No. 28, page **36, Section 1.** Coton à Broder No. 25. Otherwise as for Model No. 9.

*Mønstersyning nr. 28, side **36, bog 1.** Hørtråd nr. 35. Øvrige oplysninger som ved model nr. 9.*

Model no. 14. Doily / *Mellemlægsserviet*

Pulled Thread Design No. 31, page **38, Section 1.** The first part (the ground squaring) of the design is worked with Coton a Broder No. 30. Second part: Diagonal Cross Stitch with Coton a Broder No. 25. Otherwise as for No. 9.

*Mønstersyning nr. 31, side **38, bog 1.** Første del af mønstersyningen syes med hørtråd nr. 50, anden del: korsstingene med hørtråd nr. 30. Øvrige oplysninger som ved model nr. 9.*

Model no. 15. Tray Cloth / *Bakkeserviet*

Width: 13³/₄″. Length: 20″. Fabric: type C. Pulled Thread Design No. 19, page **38, Section 1.** Edging: Squared Edging Stitch, explained on page **56.** Both parts worked with Coton a Broder No. 25.

Bredde: 34 cm. Længde: 50 cm. Stof: type C. Mønstersyning nr. 19, side 38, bog 1. Kant: kvadratkant, forklaret side 56. Begge dele syes med hørtråd nr. 35.

Model no. 16. Tea Cosy / *Tehætte*

Height: $13^1/_2$. Width: 12″. Fabric: type B.
Pulled Thread Design No. 37, page **42, Section I.** Coton
à Broder No. 25. The outline of the design is worked
with Chain Stitch, for which two strands of Stranded
Cotton thread are used. The front, back and long strip
forming the sides and top are each finished off independ-
ently with a narrow seam, seven threads wide. The hem
is worked with Antique Hem Stitch, explained on page
56, using Coton à Broder No. 25. The component parts
of the tea cosy are overcast together on the wrong side
with Coats 6 Cord Sewing Cotton No. 40.

Højde: 28 cm. Bredde: 35 cm. Stof: type B.
Mønstersyning nr. 37, side 42, bog 1. Hørtråd nr. 35. Det
påtegnede mønster syes med kædesting. Hertil bruges tre tråde
af den flertrådede hør. Forside, bagside og den lange karm-
strimmel afsluttes hver for sig med en smal søm, 7 tråde bred.
Sømmen syes med stikhulsøm, forklaret på side 56. Hørtråd
nr. 35. Tehættens stykker kastes sammen fra vrangen med sy-
tråd nr. 60.

Model no. 17

Height: 13¹/₄″. Width: 11″. Width of strip forming top and sides: 2¹/₄″. Fabric: This tea cosy has been worked on a quite finely woven, unbleached linen, not included in the samples on page 100.

Højde: 27 cm. Bredde: 33 cm. Karmens bredde: 6 cm. Stof: Denne tehætte er syet på et ret fint, ubleget hørlærred, der ikke er medtaget på side 100.

Detail of tea cosy on previous page / *Detaille af tehætten på side* **72**

Pulled Thread Design No. 36, Section 1. Section 2. This ground is worked in some of the hearts, in the others the pattern consists of Satin Stitch "lines" worked over three threads of the ground fabric, using Coton à Broder No. 25. The hearts are edged with Blanket Stitch Scalloping, see diagram below, and with an inner line of Stem Stitch. The sprays are worked with Stem Stitch and Detached Chain Stitch (Daisy Stitch), using Coton à Broder No. 12. As previously mentioned, the drawn pattern must be worked before commencing the pulled thread work fillings, as it is easier to work the pattern rows right out to the edges if these have already been completed. The front, the back, and the long strip forming the top and sides of the tea cosy are finished off at the edges with Antique Hem Stitch. See page **56**. Hem: 7 threads wide.
Make up as previous cosy.

*Mønstersyning nr. 28, side **36**, **bog 1**. Denne grund er syet i nogle af hjerterne, i de øvrige består mønstersyningen af »pinde«, syet over tre tråde i bundstoffet. Hørtråd nr. 35. Hjerterne er kantet med halve tungestingshjul, se tegningen, og med kontursting. Rankerne er syet med kontursting og kædesting. Snoet broderegarn nr. 18. Som det tidligere er nævnt, skal det påtegnede mønster syes før sammentræksgrundene, fordi det er lettere*

*at få mønsterrækkerne ført helt ud til kanten, når denne er syet Tehættens for- og bagside og den lange karmstrimmel afsluttes. i kanten med en stikhulsøm. Se side **56**. Søm: 7 tråde br.*

Diagram No. 5 – Blanket Stitch Scalloping.
The first Blanket Stitch should be made just next to the place where the starting thread comes out. The stitches must be pulled sufficiently tight so that the central hole is clearly formed. When a scallop has been completed, the centre hole in the next is located, whereupon the needle is inserted and then the point passed back to the last stitch in the finished scallop.

Tegn. 5. Halve tungestingshjul.
Det første tungesting skal syes lige ud for det sted, hvor be-gyndelsestråden kommer frem. Stingene må strammes så meget, at midterhullet står klart. Når et halvt hjul er færdigt, finder man frem til midterhullet i det næste, stikker ned i dette og fører nålens spids helt tilbage til sidste sting i det færdige, halve hjul.

73

Model no. 18. Table-runner / *Bordløber*

Width: $16^3/_4''$. Length: 40" or as desired. Fabric: type C. Pulled Thread Design No. 37, page **42, Section 1.** Coton à Broder No. 30.

The outline of the design, which as usual is worked first, has in this instance been embroidered with Knot Stitch. See diagram No. 6, page **81.** In this open-weave fabric it is an advantage to baste round the traced outlines with Running Stitch before commencing the actual Knot Stitch. The basting and Knot Stitch are worked with six strands of Stranded Cotton thread. Edging: Hedebo Buttonhole Stitch, see page **57,** using Coton à Broder No. 25.

*Bredde: 42 cm. Længde: 100 cm eller efter ønske. Stof: type C. Mønstersyning nr. 37, side **42, bog 1.** Hørtråd nr. 40. Det påtegnede mønster, der som sædvanligt syes først, er her udført med knudesting. Se tegning 6, side **81.** I det åbentvævede stof er det en fordel at ri under med forsting, inden selve knudesyningen begynder. Rining og knudesting syes med otte tråde af den flertrådede hør. Kant: knaphulssting, se side **57.** Hørtråd nr. 35.*

Detail of runner on previous page / *Detaille af løberen på side* **74**

Model no. 19. Table Cloth / *Dug*

Size: 46″ × 46″. Fabric: type A. Approximately one quarter is included on the photograph.

Størrelse: 115 × 115 cm. Stof: type A. Ca. en fjerdedel er medtaget på fotografiet.

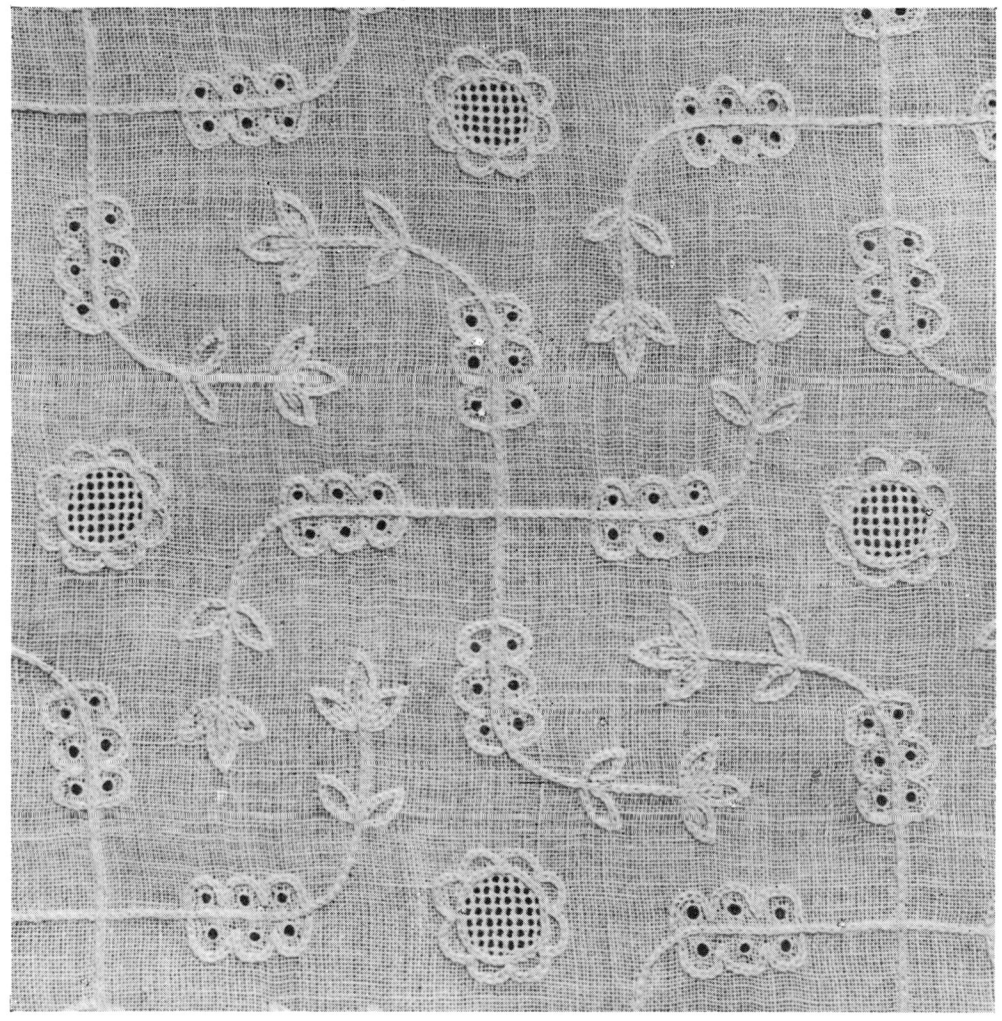

Detail of table cloth on previous page / *Detaille af dugen på side* **76**

The outline of the design, which in pulled thread work should preferably be done first, is worked in Chain Stitch, for which two strands of Stranded Cotton thread are used. The pattern of the large circles consists of Four-sided Stitch worked in vertical rows, back and forward. Four-sided Stitch is explained in Section **1, page 16,** diagram No. 3. Use Coton à Broder No. 30. The Eyelet Holes are made with a stiletto worked from the reverse side, using Coton à Broder No. 30.

Hem: $^3/_8''$ wide. Along the hem a row of Four-sided Stitch is made, see page **16, Section 1.**

Det påtegnede mønster, der i forbindelse med sammentræks-syning helst skal syes først, er udført med kædesting, hvortil der bruges tre tråde af den flertrådede hør. Mønstersyningen består af kvadratsting syet i lodrette rækker, frem og tilbage. Kvadratsting er forklaret i bog **1, side 16,** *tegning 3. Hørtråd nr. 50. Søm: 1 cm bred. Langs sømmen er syet en række kvadratsting, se side* **16, bog 1.** *Hullerne prenes og syes fra vrangen. Hørtråd nr. 50.*

Model no. 20. Table Cloth / *Dug*

Size: 53″ × 53″. Fabric: type C.   *Størrelse: 137 × 137 cm. Stof: type C.*

Detail of table cloth on previous page / *Detaille af dugen på side* 78

The outline of the design, which is worked first, is embroidered with Chain Stitch. The leaves are afterwards filled with a form of Interlacing, shown on page **81, diagram 7.** For all this, three strands of Stranded Cotton thread are used. The ground in the foliage of the trees is Fulled Thread Design No. 40, page **44, Section I.** The ground in the "earth" consists of Satin Stitch "lines" worked over three threads. As the detail shows, two threads of the ground fabric are missed between these lines. For ground, Coton à Broder No. 30 and for the "lines", Coton à Broder No. 18 is used, together with three strands of Stranded Cotton thread for the small Back Stitches, which have the appearance of spots on account of the thicker thread. Hem: $^3/_4''$. Make the hem in the usual way, just along the edge of the outer line.

Det påtegnede mønster, der syes først, er syet med kædesting. Bladene er desuden fyldt ud med en slags stopning, der er vist på side 81, tegning 7. Til alt dette bruges fire tråde af den flertrådede hør. Grunden i træets krone er nr. 40, side 44, bog 1. Grunden i »jorden« består af »pinde«, syet over tre tråde. Som detaillen viser, springes to af bundstoffets tråde over mellem disse »pinde«. Til grund nr. 40 og til »pindene« bruges hørtråd nr. 25, sammen med fire tråde af den flertrådede hør til de små bagsting, der derved kommer til at ligne pletter på grund af den tykke, sammenlagte tråd. Søm: 2 cm. Der sømmes på almindelig vis, lige langs den nederste »pinå«.

79

Model no. 21. Tea Cosy / *Tehætte*

Height: 11³/₄″. Width: 15¹/₂″.
This tea cosy matches the tablecloth model No. 20, and the pattern is therefore the same. The two halves are overcast together on the wrong side with ordinary sewing thread, but beforehand a row of Chain Stitch should be made in the curved lines. These Chain Stitch rows should preferably meet when the tea cosy is put together. Hem: ⁵/₈″.

Højde: 28,5 cm. Bredde: 38 cm.
Tehætten hører til den forudgående dug, og mønstersyningerne m.m. er derfor som ved denne. De to halvdele kastes sammen fra vrangsiden med almindelig sytråd, men forinden skal der syes en række kædesting i de buede linier. Disse kædestings-rækker skal helst støde sammen, når tehætten er samlet. Søm: 1,5 cm.

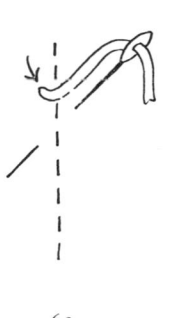
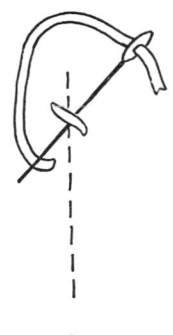
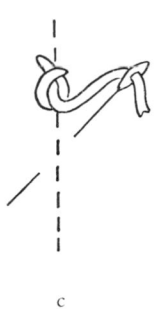
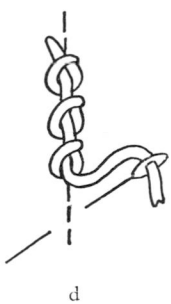

6 a   b   c   d

Diagram No. 6 – Knot Stitch.

In order to strengthen the open weave of the fabric, Running Stitch is made underneath before making the knots, as shown on diagrams 6a, b, c, d. The knots should be made fairly close together and pulled fairly tight in order to obtain the regularity as shown on the photograph of the detail, page **75.**

Tegn. 6. Knudesting.

*For at støtte det åbentvævede stof rier man under med forsting, inden knuderne syes, som vist på tegning 6 a, b, c, d. Knuderne skal ligge ret tæt og strammes jævnt til for at blive lige så ensartet som på detaillefotografiet, side **75.***

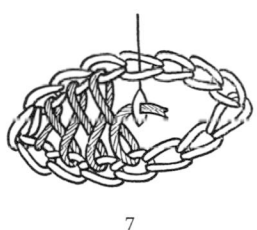

7

Diagram No. 7. The leaves on the tree on page **79** are made as shown on this diagram. First the Chain Stitch round the edge is made, next fill the leaves with an Interlacing Stitch that does not go through the fabric. The stitches should be made fairly close together and not as shown on the diagram, where for the sake of clarity only one stitch has been made in each Chain Stitch.

*Tegn. 7. Bladene på træet side **79** er syet, som tegning 7 viser, først syes kædestingene i kanten, dernæst fyldes der ud med en stoppesyning, der kun ligger på retsiden. Stingene skal ligge helt tæt og ikke som på tegningen, hvor der for tydelighedens skyld kun er taget ét sting i hver lænke.*

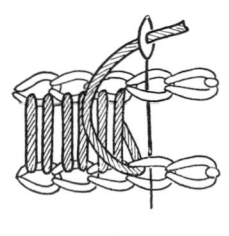

8

Diagram No. 8. The "bows" on the tablecloth on the next page are made in the following way: First of all the lines are worked with Chain Stitch, thereafter a kind of Satin Stitch is made by lifting half a Chain Stitch from each row on to the needle. For the sake of clarity the stitches are shown fairly far apart on the diagram, but in reality they are made very close together, as is also apparent from the photograph of the detail on page **83.** NB. The close needlework between the Chain Stitch is only on the right side of the fabric.

*Tegn. 8. Sløjferne på dugen side **82** er syet på følgende måde: først syes de påtegnede linier med kædesting, dernæst syes en art fladsyning ved at tage et halvt kædesting fra hver række på nålen. Af hensyn til tydeligheden ligger stingene ret spredt på den vejledende tegning, men i virkeligheden ligger de helt tæt, som det også fremgår af detaillebilledet. NB: den tætte syning mellem kædestingene ligger kun på retsiden.*

Model no. 22. Table Cloth / *Dug*

Width: 56″. Length as desired. Fabric: type C.   *Bredde: 140 cm. Længde efter ønske. Stof: type C.*

Detail of table cloth on previous page / *Detaille af dugen på side* **82**

The pattern, which forms a broad stripe down the centre of the cloth, can be made the desired length. The outline of the design, which as usual is worked first, is embroidered with Chain Stitch and Back Stitch and also in the bows with a form of Satin Stitch. For this three strands of Stranded Cotton thread are used. The way the bows are worked is explained on page **81**. – The Pulled Thread Designs are Nos. 18, page **28, 20, page 30,** and 10, page **24, in Section 1.** For the first two grounds Coton à Broder No. 25 is used, while Coton à Broder No. 18 is used for Design No. 10. Hem: ³/₄″. The hem is embroidered with Coton à Broder No. 25. An explanation of the Antique Hem Stitch is given on page **56.**

Mønsteret, der går som en bred stribe ned gennem midten af dugen, kan indrettes efter den længde, man har brug for. Det påtegnede mønster, der som sædvanligt syes først, er udført med kædesting og stikkesting og i sløjferne desuden med en slags fladsyning. Hertil bruges fire tråde af den flertrådede hør. Syningen af sløjferne er forklaret på side **81.** *Mønstersyningerne er nr. 18, 20 og 10, bog* **1.** *Til de to førstnævnte grunde bruges hørtråd nr. 35, til den sidstnævnte, hørtråd nr. 18. Søm: 2 cm. Stikhulsømmen syes med hørtråd nr. 35. Forklaring til stikhulsømmen findes side* **56.** *Broderlets naturlige bredde = 24 cm.*

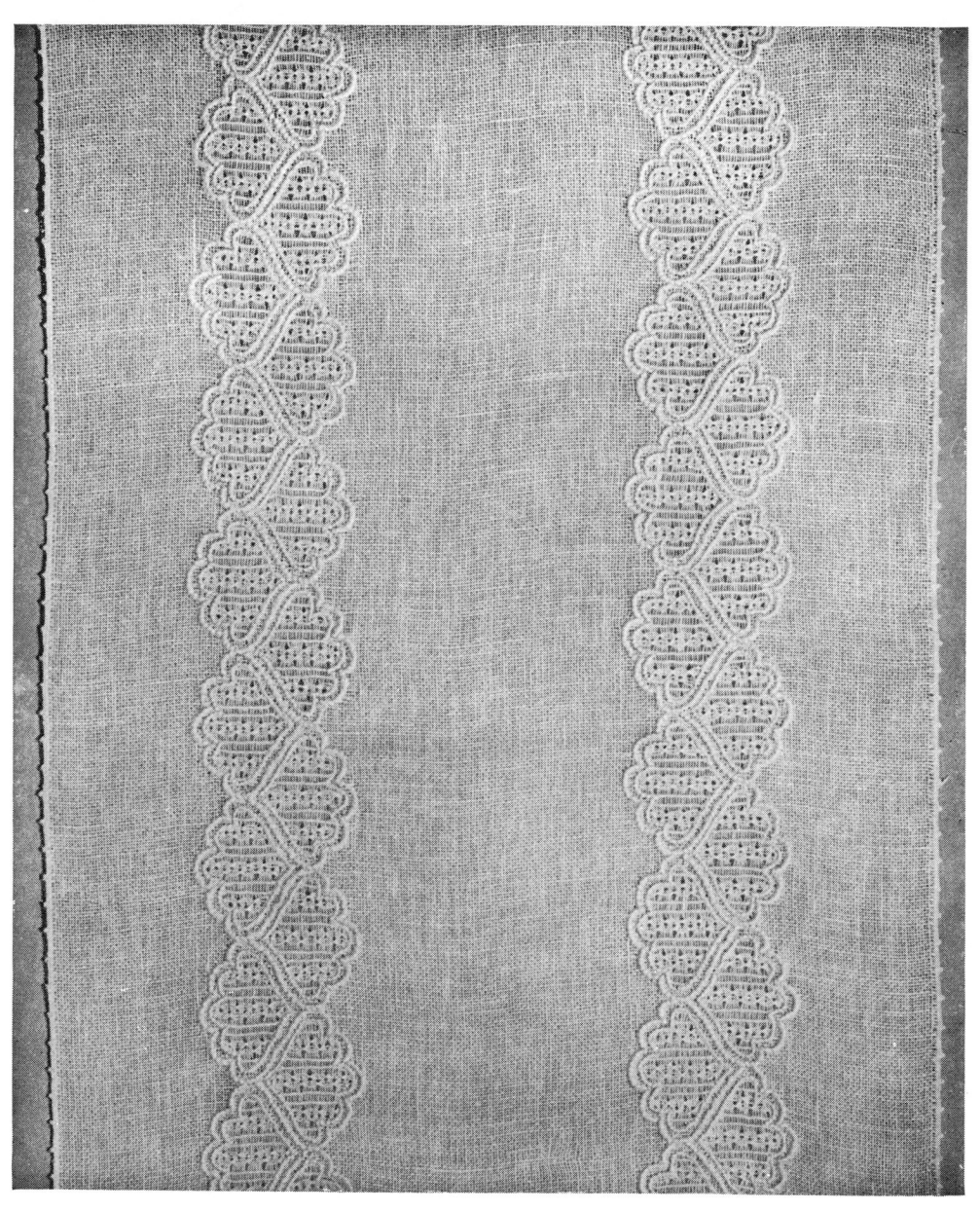

Model no. 23. Table-runner / *Bordløber*

Width: 12″. Length: 36″ or as desired. Fabric: type B.

Bredde: 30 cm. Længde: 90 cm eller efter ønske. Stof: B.

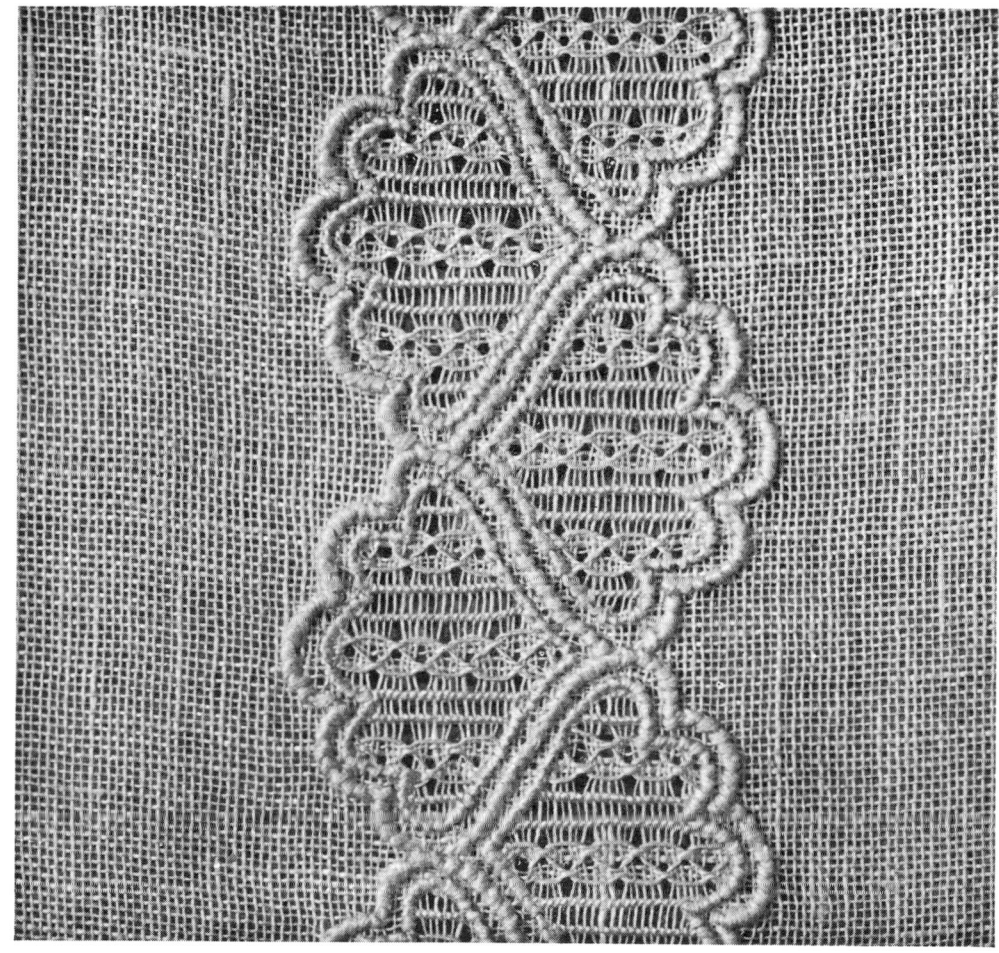

Detail of table-runner on previous page / *Detaille af bordløberen på side* **84**

Pulled Thread Design No. 16, page **28, Section 1.** Use Coton à Broder No. 25. The outline of the design is worked with Knot Stitch explained on page **29.** The inner line, which is fairly narrow, is worked with two strands of Stranded Cotton thread. The thicker, outer line, with five strands. Both lines are worked over Running Stitch made with a corresponding number of threads. Edging: Hedebo Buttonhole Stitch with picot, see page **57.** Use Coton à Broder No. 25 for edging.

Mønstersyning nr. 16, side **28, bog 1.** *Hørtråd nr. 35. Det påtegnede mønster syes med knudesting, forklaret side* **29.** *Den inderste linie, der står ret spinkelt, er syet med tre tråde af den flertrådede hør. Den kraftige, yderste, med fem tråde. Begge linier skal syes over en underrining, der udføres med et tilsvarende antal tråde. Kant: knaphulssting m. picot, se side* **57.** *Hørtråd nr. 35.*

Model no. 24. Tablecloth / *Dug*

Size: 44″ × 44″. Fabric: type A. The photograph shows approximately a quarter.

Pulled Thread Design No. 4, page **20, Section 1.** Coton à Broder No. 30. The outline of the design is worked with Chain Stitch and Laced Herringbone Stitch. See diagram on page **87.** For this, three strands of Stranded Cotton thread are used. Hem: $^3/_4$″ wide. The hem is done with Antique Hem Stitch, see page **56.**

Størrelse 110 × 110 cm. Stof: type A. På billedet ses ca. en fjerdedel.

*Mønstersyning nr. 4, side **20, bog 1.** Hørtråd nr. 50. Det påtegnede mønster syes med kædesting og »heksesting med slange«. Tegning side **87.** Hertil bruges fire tråde af den flertrådede hør. Søm: 2 cm bred. Der sømmes med stikhulsøm. Se side **56.***

Detail of tablecloth on previous page / *Detaille af dugen på side* **86**

Diagram No. 9 – Laced Herringbone Stitch.
Used as a filling within the Chain Stitch is Laced Her-
ringbone Stitch. The Herringbone Stitch is worked first.
When this is completed, the thread is laced through the
Herringbone Stitch as shown on the diagram.

Tegn. 9. »Heksesting med slange«.
Som udfyldning inden for kædestingene er der her brugt »hekse-
sting med slange«. Heksestingene syes først, og syretningen er
»bort fra en selv«, når disse er syet, føres tråden tilbage gennem
heksestingene, som angivet på tegningen.

Model no. 25. Doily / *Mellemlægsserviet*

Size: 6″ × 6″. Fabric: type B. Pulled Thread Design No. 26, page **34, Section 1.** Coton à Broder No. 30.
Edging: Squared Edging Stitch, see page **56.** Coton à Broder No. 25.

*Størrelse: 15 × 15 cm. Stof: type B. Mønstersyning nr. 26, side **34, bog 1.** Hørtråd nr. 40. Kant: kvadratkant, se
side **56.** Hørtråd nr. 35.*

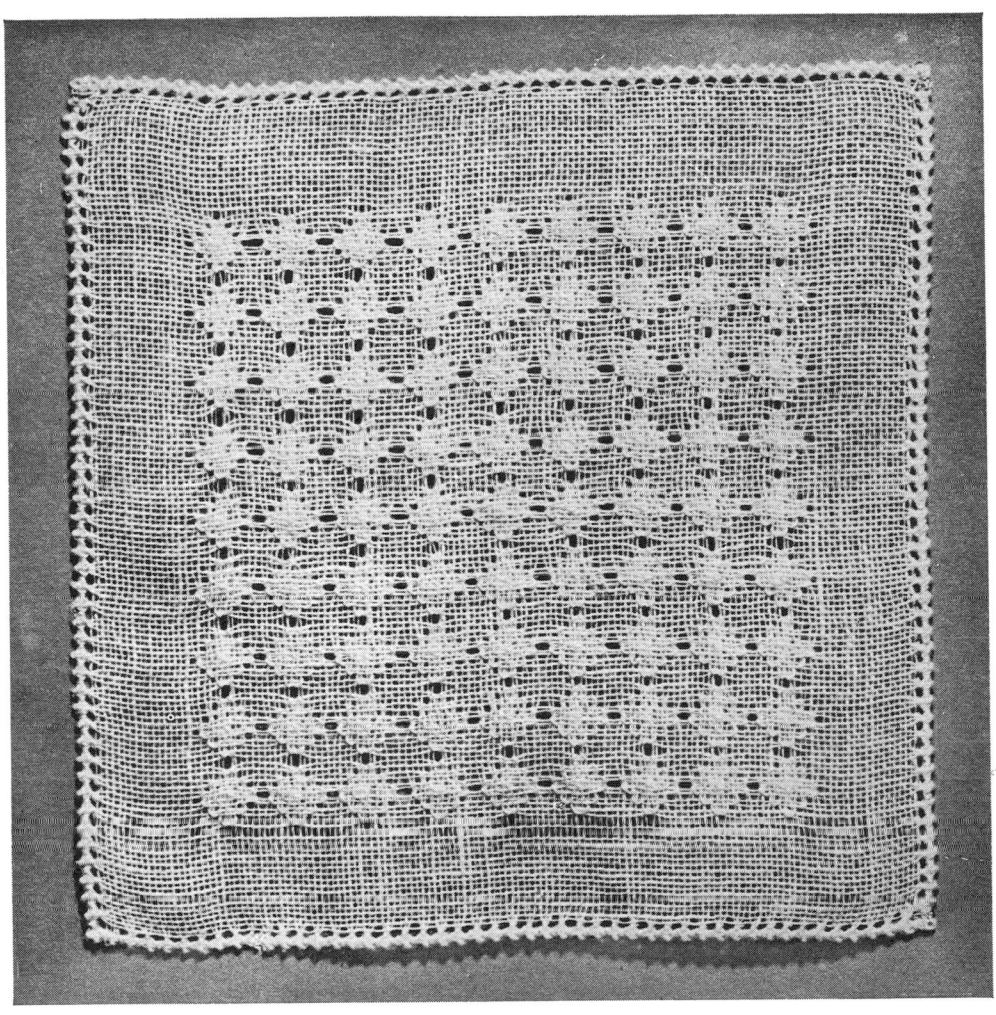

Model no. 26. Doily / *Mellemlægsserviet*

Size: 6″ × 6″. Fabric: type B. Pulled Thread Design No. 21, page **30, Section 1.** Coton à Broder No. 30.
Edging: Squared Edging Stitch, see page **56.** Coton à Broder No. 25.

*Størrelse: 15 × 15 cm. Stof: type B. Mønstersyning nr. 21, side **30, bog 1.** Hørtråd nr. 40. Kant: kvadratkant, se side **56.** Hørtråd nr. 35.*

89

Model no. 27. Doily / *Mellemlægsserviet*

Size: *6″ × 6″*. Fabric: type B.
Pattern: Greek Cross Filling Stitch, worked as shown on diagram No. 7, page **17, Section I.** in combination with squares formed by "lines" of Satin Stitch. Coton à Broder No. 30. Edging: Hedebo Buttonhole Stitch, see page **57.** Coton à Broder No. 25.

Størrelse: 15 × 15 cm. Stof: type B.
Mønstersyning: slyngesting, syet som på side **17,** *tegn.* ⅂, *bog* **1,** *i forbindelse med »pinde«. Hørtråd nr. 40. Kant: almindelige knaphulsting, se side* **57.** *Hørtråd nr. 35.*

90

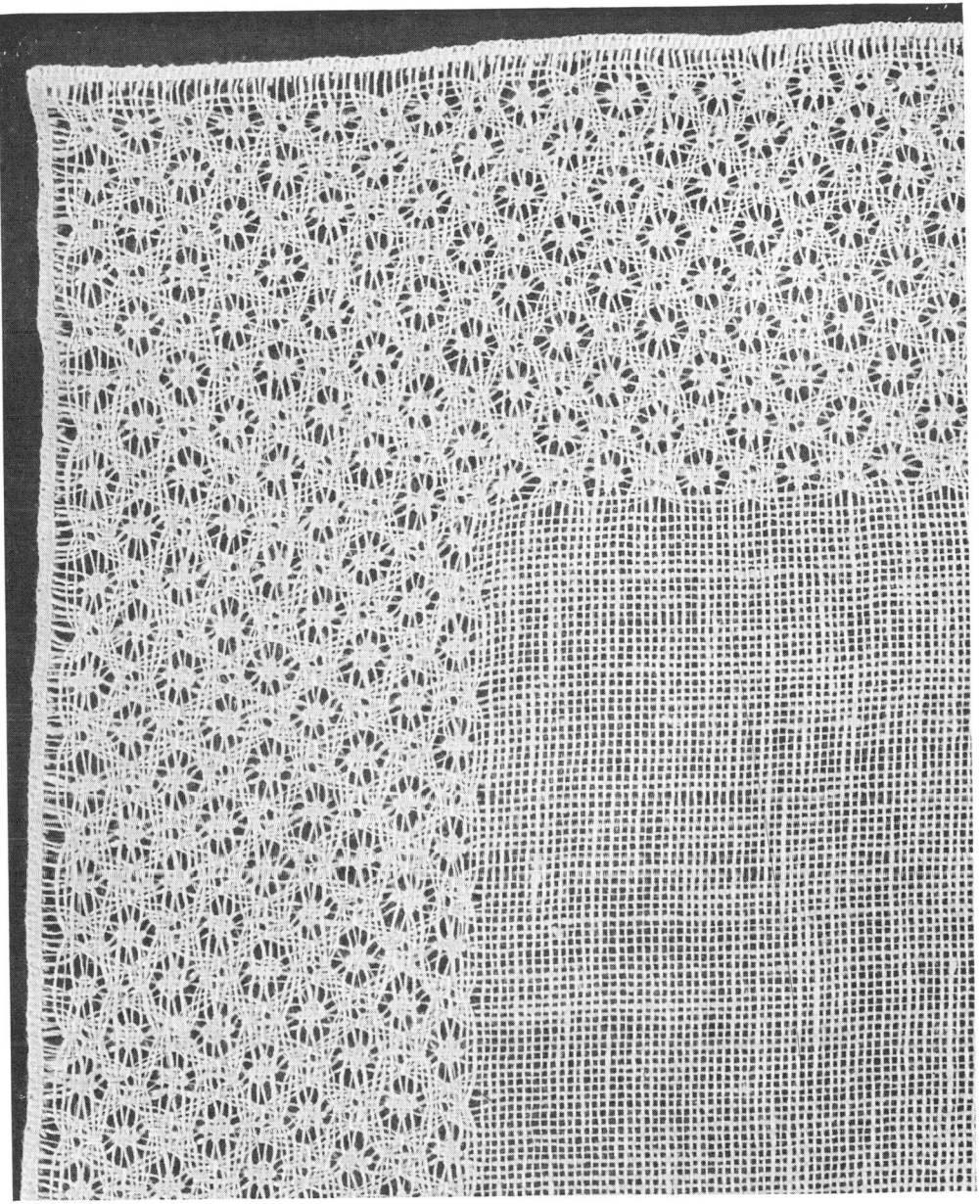

Model no. 28. Table Centre / *Lysedug*

Size: 16″ × 16″. Fabric: type B.
The pattern consists of Greek Cross Filling Stitch in diagonal rows, see diagram 7, page **17, Section 1,**
NB. The first stitch of a Greek Cross Filling Stitch must begin in this instance two threads below and two threads to the right of the fourth stitch in the foregoing Greek Cross Filling Stitch. In between the rows are finally worked stitches as shown on page **43,** design No. 36, Section **1.** Coton à Broder No. 30. Edging: Hedebo Buttonhole Stitch, see page **57.** Coton à Broder No. 25.

Størrelse: 40 × 40 cm. Stof: type B.
Mønstersyningen består af slyngesting i skrå rækker, side **17,** *bog* **1.**
NB: Første sting i et slyngesting skal dog her begynde to tråde under og to tråde tilhøjre for det fjerde sting i det forrige slynge-sting. Imellem rækkerne syes til sidst sting, som vist på side **43,** *nr. 36, bog* **1.** *Hørtråd nr. 40. Kant: Knaphulssting, side* **57.** *Hørtråd nr. 35.*

91

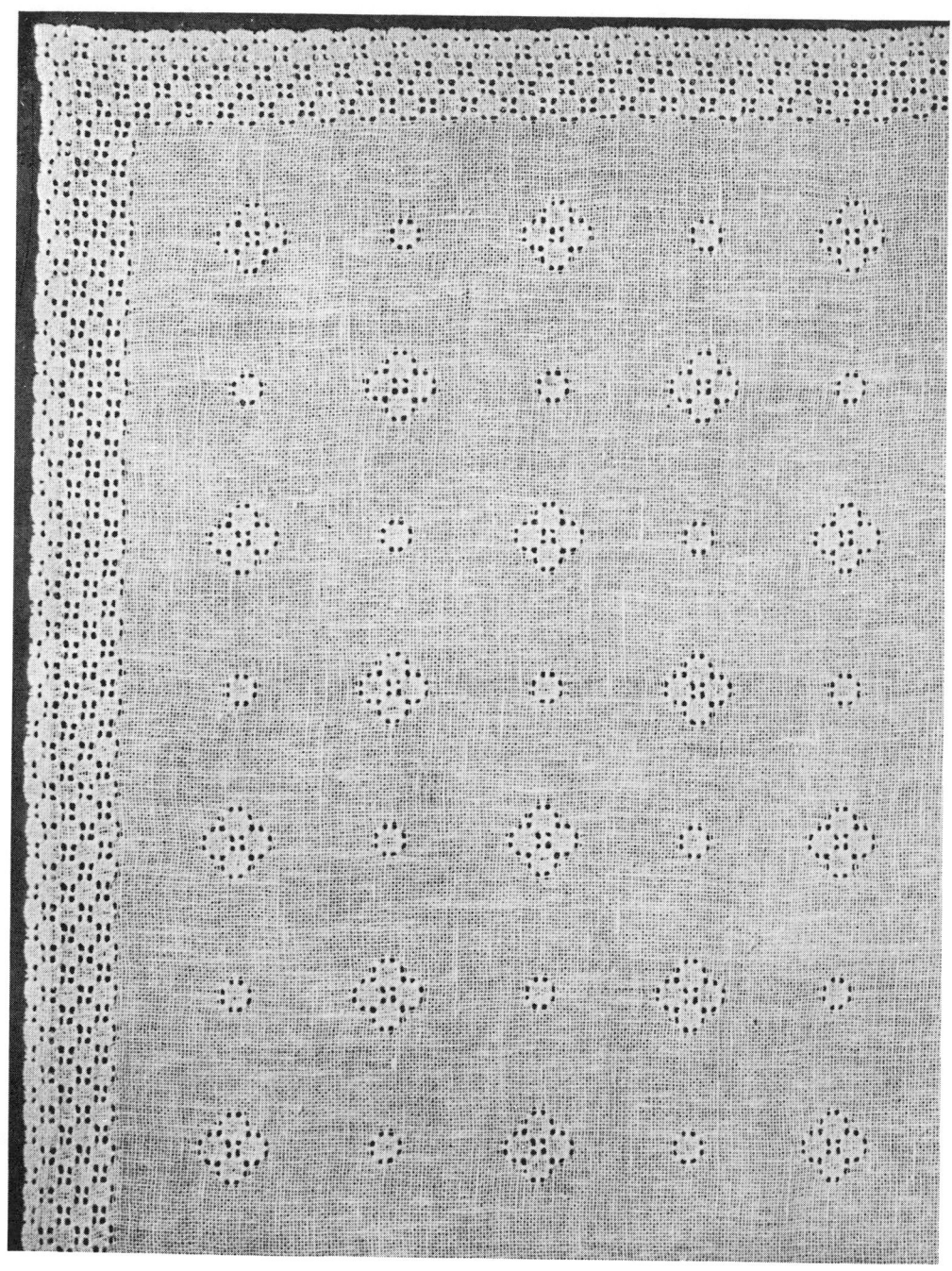

Model no. 29. Table Cloth. Elisabeth Jensen / *Dug. Elisabeth Jensen*

Size: 50″ × 50″. Fabric: type D. The photograph shows approximately a quarter.

Størrelse: 125 × 125 cm. Stof: type D. Ca. en fjerdedel er fotograferet.

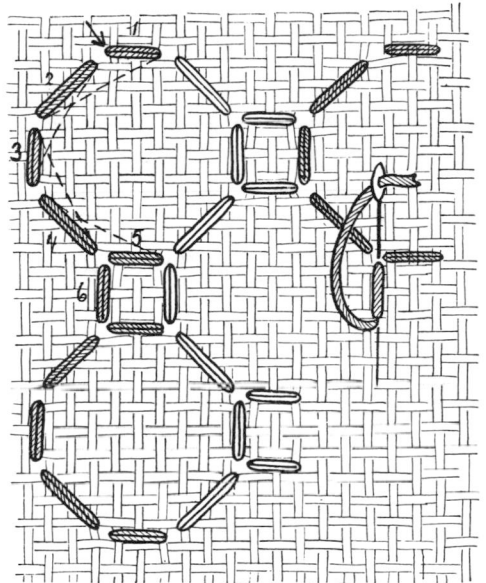

Diagram No. 10. Circular ground on tablecloth shown on previous page.

The needle is brought through the fabric at the point indicated by the arrow. Each stitch is sewn twice, either over three threads at right-angles or three threads diagonally. The long transitional stitches (see dotted line on diagram) are caused by the fact that after making the second stitch of a pair of stitches, the needle is passed on the reverse of the fabric to the start of a new pair of stitches. An exception to this is the sixth pair, where the needle is passed up twice through the same hole.

The circular ground is worked in vertical rows, back and forward. See shading on diagram.

The lace-like border of the tablecloth, which appears to be made without the edge being finished, is achieved by embroidering the outer row through the double layer formed by folding over for the hem.

Cirkelgrund fra dugen side 92.

Der stikkes op ved pilen. Hvert sting syes to gange, enten over tre tråde på lige eller tre tråde på skrå. De lange overgangssting, se den punkterede linie på tegningen, fremkommer ved, at der ved det andet sting stikkes frem til et nyt stingpar; undtaget fra denne regel er det sjette dobbeltsting, hvor der to gange stikkes op i det samme hul.

Cirkelgrunden syes i lodrette rækker, frem og tilbage, se tegningens skravering.

Dugens kniplingsagtige bort, der tilsyneladende er uden afslutning, fremkommer ved, at den yderste mønsterrække er syet gennem den ombøjede trevlekant.

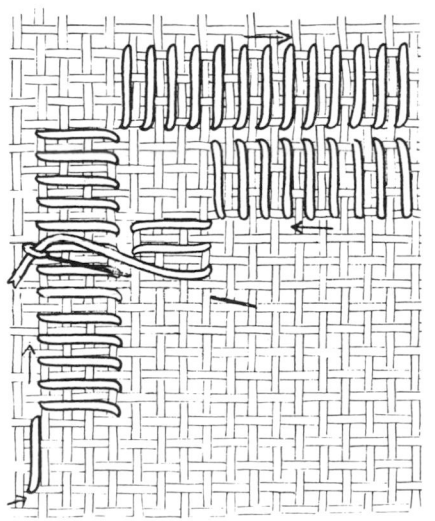

Diagram No. 11 – "Line" Filling.

The procedure for this "line" filling is slightly different from that of similar type previously mentioned.

Each "line" is 13 stitches long, and each stitch is made over four threads. Commence at the arrow in the bottom left-hand corner, where the needle is brought through. The two first lines are worked from left to right (turn diagram for direction shown by arrows), and the next row from right to left. Continue like this without turning the fabric. In this way the diagonal reverse stitches which were a requisite feature of the little "line" fillings used in the tablecloth on page 86 are avoided.

›Pindegrund‹.

Fremgangsmåden for denne »pindegrund« er en lidt anden end for den tidligere omtalte af samme slags.

Hver »pind« er 13 sting lang, og hvert sting er over 4 tråde. Der begyndes ved den nederste pil, og her stikkes nålen op. Tegn. 11. De to første pinde syes fra venstre mod højre, og den næste række fra højre mod venstre, og sådan fortsætter man frem og tilbage uden at vende sytøjet. Ved denne fremgangsmåde udebliver det skrå vrangsting, som skulle med på den lille pindegrund, der er brugt til dugen på side 86.

Models nos. 30 and 31. Table Mats. Elisabeth Jensen / *Dækkeservietter. Elisabeth Jensen*

Size: $13^1/_2'' \times 17^1/_4''$. Fabric: type D.

Størrelse 34 × 43 cm. Stof: type D.

Model No. 30 – The pattern is formed by Satin Stitch "lines" and Four-sided Stitch, see pages **15 and 16,** diagrams **1** and **3,** Section **1.** Edging: as below.

Model No. 31 – The pattern consists alternately of a "line" filling, see page **93,** diagram No. **11,** and Four-sided Stitch worked in vertical rows. Edging: Squared Edging Stitch with Points, see page **97,** diagram No. **12.** Two strands of Stranded Cotton thread for both mats.

*Model nr. 30: Mønsteret er dannet af »pinde« og kvadrathulsømme, side **15** og **16, tegn. 1** og **3, bog 1.***

*Model nr. 31: Mønsteret består skiftevis af en »pindegrund«, side **93,** tegn. **11,** og kvadratsting syet i lodrette rækker. Kant: Kvadratkant med takker, se side **97,** tegn. **12.** Totrådet bomuldsgarn til begge servietter.*

Model no. 32. Table Mat. Elisabeth Jensen / *Dækkeserviet. Elisabeth Jensen*

Size: 13$^{1}/_{2}$″ × 17$^{1}/_{4}$″. Fabric: type D.
The pattern round the border of the mat alternates between Satin Stitch "lines" and squares of Four-sided Stitch in vertical rows. A diagram of the "lines" used is to be found on page **15, Section 1,** and that of the Four-sided Stitch on page **16, Section 1.** Along the inner edge of the patterned border is worked a row of Chain Stitch, each stitch being turned slightly out to the side, forming a zig-zag line. Edging: Squared Edging Stitch with Points, see page **97,** diagram No. **12.** The whole mat is worked with Coton à Broder No. 12.

Størrelse: 34 × 43 cm. Stof: type D.
*Mønstersyningen i kanten af servietten veksler mellem »pinde« og et stykke med kvadrathulsøm i lodrette rækker. Stingtegning til »pinde« findes på side **15, bog 1,** og stingtegning til kvadrathulsømmen findes på side **16 i bog 1.** Langs den inderste kant af mønsterborten er der syet en række kædesting, hvert sting er drejet lidt ud til siden, så der dannes en siksak-linie. Kant: kvadratkant med takker, se side **97.** Hele servietten er syet med totrådet bomuldsgarn.*

Models nos. 33 and 34. Doilies. Elisabeth Jensen / *Mellemlægsservietter. Elisabeth Jensen*

Size: 6″ × 6″. Fabric: type D.
The doily to the right has a border consisting of blocks of "line" filling, see page **93,** edged on the inside with a row of Open-sided Square Stitch. See under Squared Edging Stitch, page **56.** The pattern of the other doily consists of "lines" and Four-sided Stitch already mentioned in Model No. 32. Edging: Squared Edging Stitch with Points. Page **97.** Diagram No. 12. Coton à Broder No. 12.

Størrelse: 15 × 15 cm. Stof: type D.
*Den øverstliggende serviet har i kanten en »pindegrund«, se side **93,** indvendigt kantet med en række »halve kvadratsting«. Se under kvadratkant, side **56.** På den anden serviet består mønstersyningen af »pinde« og kvadratsting, som har været omtalt nogle gange. Kant: kvadratkant med takker. Totrådet bomuldsgarn.*

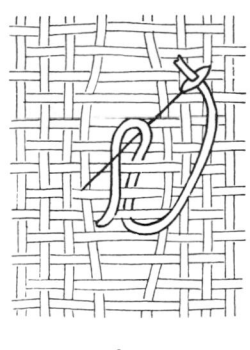

a

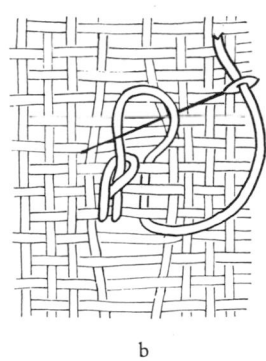

b

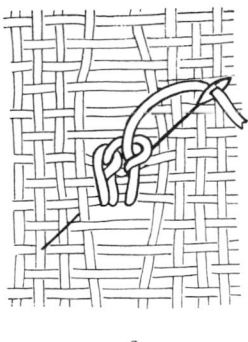

c

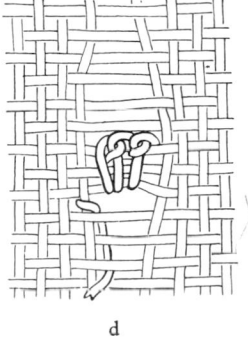

d

e

Squared Edging Stitch with Points

Diagrams 12 a-e.

Before folding the hem edge over, a row of Hedebo Buttonhole Stitch is worked in pairs over three threads, in the same intervening space between two threads, where the fabric is later to be folded. Diagrams (a) and (b) show the making of two Buttonhole Stitches. The transition from the one pair to the next is effected as shown on diagrams (c) and (d). When the edge is thereafter folded under, the Buttonhole Stitches stand out like small knots, see diagram (e). The material is thereafter held in place by a row of Open-sided Square Stitch, but, as the diagram shows, each stitch must be made twice.

This Buttonhole Edging with Points is used for example on Models Nos. 30 and 31.

Kvadratkant med takker

Tegn. 12 a-e.

Inden trevlekanten bøjes tilbage, syes en række parvis knaphulssting over tre tråde i den trådfure, man senere bøjer stoffet i. Tegn. a og b viser syningen af to knaphulssting. Overgangen fra det ene par til det andet foregår som vist på tegn. c og d. Når kanten derefter bøjes, træder knaphulsstingene frem som små knuder, tegn. e. Stoffet holdes derefter på plads med en række halve kvadrater, men som det fremgår af tegningen, skal hvert sting syes to gange.

Knaphulskant med takker er f.eks. brugt til model 30 og 31.

Model no. 35. Table Cloth. Elisabeth Jensen / *Dug. Elisabeth Jensen*

Width: 54″. Length: 120″. Fabric: type D. The photograph shows approximately a quarter.

Bredde: 135 cm. Længde. 300 cm. Stof: type D. Ca. en fjerdedel ses på fotografiet.

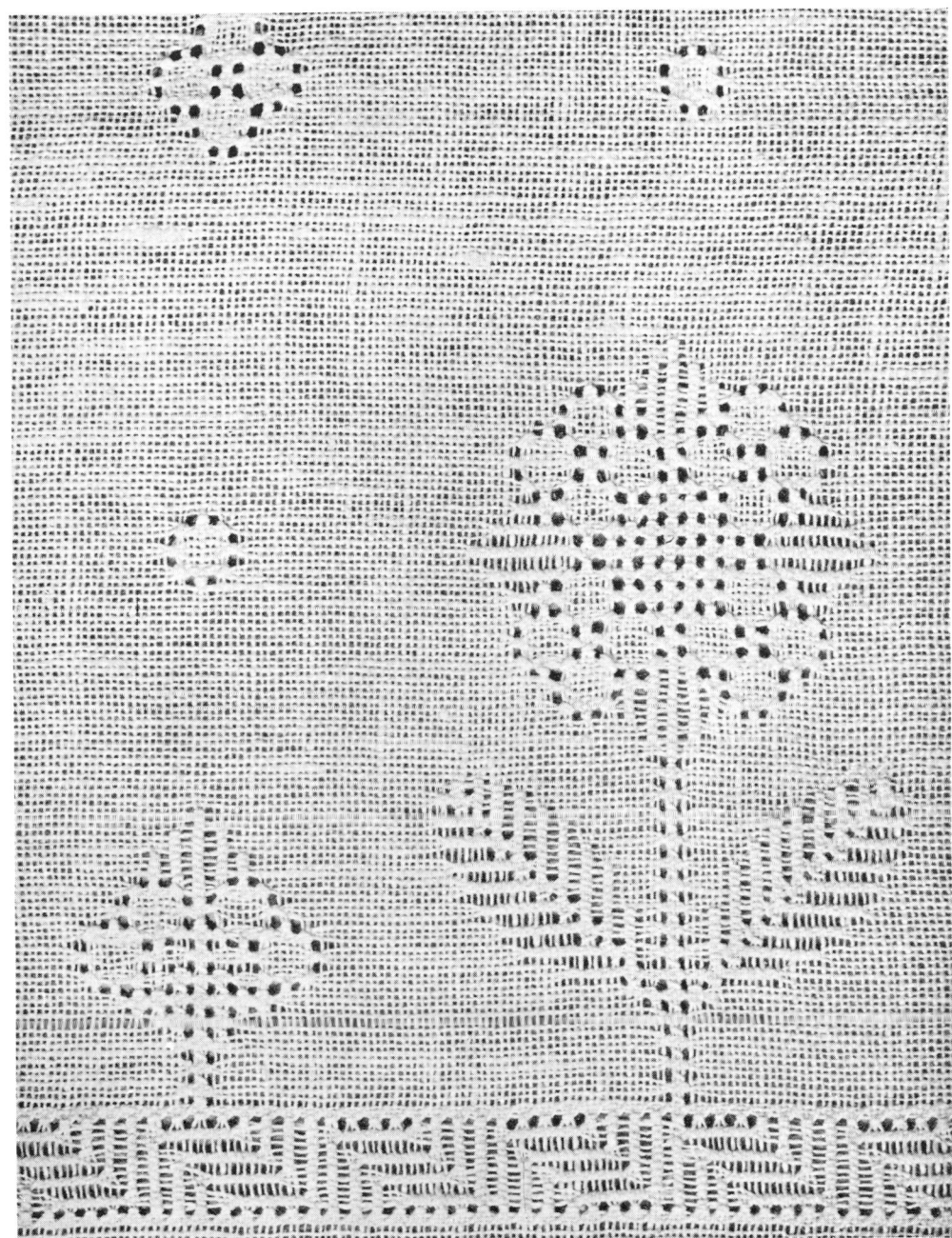

Detail of table cloth on previous page / *Detaille af dugen på side* 98

The pattern forms a broad stripe down the cloth. As the details of the pattern consist of Satin Stitch "lines" and Four-sided Stitch, mentioned in connection with the previous models, this enlargement should be sufficient to embroider from without further explanation. Worked with Coton à Broder No. 12.

Mønsteret går som en bred stribe ned gennem dugen. Da mønsterets enkeltheder består af »pinde« og kvadratsting, omtalt i forbindelse med sidstnævnte modeller, skulle nærbilledet være til at sy efter uden yderligere forklaring. Syes med totrådet bomuldsgarn.

Samples of the linens used in this section, reproduced natural size.

Prøver på de i bogen anvendte stoffer, gengivet i naturlig størrelse.